C(
여행 (

KB126417

Italian

용기를 내어 이탈리아어로 말을 걸어 봅시다.
조금이라도 내 마음이 전해진다면 여행은 좀 더 즐거워질 거예요.
여느 때보다 더 따뜻하게, 같이 경험해 볼까요?

혜지원

『여행 이탈리아어』를 가지고…

자, 이제 시작해 봅시다.

여행을 할 때 필요한 기본 회화부터, 알아 두면 좋을 현지 정보, 편안한 여행을 즐기기 위한 표현과 단어를 모았습니다. 자, 다양한 회화 표현으로 여행 기분을 느껴 볼까요?

모처럼 여행을 왔으니 현지인분들과 커뮤니케이션을 해 볼까요? 간단한 인사라도 그 나라의 말로 먼저 말을 걸어 본다면, 현지인분들도 웃는 얼굴로 반겨줄 겁니다.

맛집 탐방, 쇼핑, 뷰티 등 의사소통을 해야 하는 순간에 필요한 표현들을 가득 담았습니다. 간단한 의사소통이라도 평소와는 다른 경험을 할 수 있을지도 모릅니다. 다양한 회화 표현을 통해 여행을 좀 더 즐겁게 보내 볼까요?

check list

추천 메뉴는 무엇인가요?
Che cosa mi consiglia?
께 꼬자 미 콘씰리아

콜로세움이 어디입니까?
Dov'è il Colosseo?
도베 일 콜로쎄오

마르게리타 피자 하나 주세요.
Vorrei una pizza Margherita.
보레이 우나 피짜 마르게리타

어떤 것이 인기 있나요?
Qual'è più di successo?
꽐레 퓨 디 쑷체쏘

3

HOW TO

이탈리아어

회화 수첩은 현지에서 자주 사용하는 문장을 중심으로 최대한 많은 내용을 담았습니다. 사전에 미리 알아두고 공부해 놓으면 좋을 정보들도 담았습니다. 현지에서 자주 쓰이는 어휘들도 기억해 둡시다.

사용하는 포인트는 이곳에

- 상황별 구성으로 문장을 익히기 쉽습니다.
- 여러 가지 신으로 기본 문장에 충실하였습니다.
- 단어장은 현지에서도 도움이 됩니다.

"카페에서는 어떻게 말해야 주문할 수 있을까?", "이 화장품은 어떻게 말해야 하지?" 등 순간적으로 당황했던 적은 없나요? 이 회화 수첩은 현지에서 흔히 접할 수 있는 상황별로 정리했습니다. 각 장면에 연관된 문장이나 단어들을 모아 현지에서도 쉽게 사용할 수 있도록 했습니다.

먼저 길거리를 거닐어 볼까요?

독일은 옛날부터 지역별로 독자적인 힘을 갖추었어서 각 지역에서 독자적인 문화가 생겨났습니다. 먼저 길을 걸으며 다양한 거리의 분위기를 맛봅시다.

뭐 좀 물어봐도 될까요?	Ich habe eine Frage. 이히 하베 아이네 쁘라게 May I ask you something?
저는 마리엔 광장에 가고 싶어요.	Ich möchte zum Marienplatz gehen. 이히 묘히테 쭘 마리엔플랏츠 게엔 I'd like to go to Marienplatz.
오른쪽으로 돌면, 왼쪽에 있을 거예요.	Wenn Sie nach rechts abbiegen, sehen Sie es auf der linken Seite. 벤 지 나흐 레히츠 압비겐 제엔 지 에스 아우프 데어 링켄 자이테 Turn right and it's on your left.
저를 따라오세요!	Folgen Sie mir bitte! 폴겐 지 미어 비테 Follow me.
이 주소로 가려면 어떻게 가나요?	Wie komme ich zu dieser Adresse? 비 콤메 이히 쭈 디저 아드레쎄?↗ How can I get to this address?
이 지도상에서 제가 어디에 있는 건가요?	Wo bin ich auf diesem Stadtplan? 보 빈 이히 아우프 디젬 슈타트플란?↗ Where am I on this map?
우리가 어디에 있는 건가요?	Wo sind wir? 보 진트 비어?↗ Where are we?
저는 길을 잃었어요.	Ich habe mich verlaufen. 이히 하베 미히 빼어라우펜 I'm lost.
이 도로(길, 거리) 이름이 무엇인가요?	Wie heißt die Straße? 비 하이스트 디 슈트라쎄?↗ What is this street's name?
가장 가까운 역이 어디인가요?	Wo ist der nächste Bahnhof? 보 이스트 데어 네스테 반호프?↗ Where is the nearest station?

22

1 상황별로 아이콘이 붙여져 있습니다.

[맛집, 쇼핑, 뷰티, 관광, 엔터테인먼트, 호텔]의 각 상황별로 제목의 옆에 아이콘이 붙여져 있습니다. 필요한 상황을 바로 찾을 수 있도록 하였습니다.

2 단어를 바꿔서 활용할 수 있어서 편리합니다.

숫자나 지명 등 바꿔 넣는 것 만으로도 문장을 만들 수 있어 편리합니다.

콜로세움에 가고싶습니다.	Vorrei andare al Colosseo. 보레이 안다레 알 콜로쎄오 I'd like to go to the Colosseo.

3 중요 문장을 찾기 쉽습니다.

특히 중요한 문장은 일목요연하게 정리해서 알 수 있도록 하였습니다.

백화점이 어디입니까?	Dove c' è un grande magazzino? 도베 체 운 그란데 마가찌노? Where is the department store?

4 상대의 말도 알 수 있도록 하였습니다.

현지 사람이 자주 사용하는 문장도 적혀 있습니다. 사전에 체크해 놓으면, 당황하지 않고 대화를 이어갈 수 있을 것입니다.

우회전하면 당신의 왼쪽에 있을 거예요.	Giri a destra, e poi lo trova alla Sua sinistra. 지리 아 데스트라, 에 뽀이 로 트로바 알라 수아 씨니스트라 Turn right and it's on your left.

5 이탈리아어 이외에도 영어 표기가 있습니다.

영어도 함께 기재되어 있습니다.
이탈리아어가 통하지 않을 경우 영어로 시도해 보세요.

한국어 메뉴판이 있나요?	Avete un menù in coreano? 아베떼 운 메누 인 꼬레아노? Do you have a Korean menu?

6 주고받는 대화 형식으로 내용을 파악할 수 있습니다.

실제 대화 내용을 적어놨기 때문에 어떻게 대화를 주고받으면 좋을지를 알 수 있습니다.

안녕하세요
Buongiorno.
본조르노

몇 분이세요?
Quanti siete?
꾸안띠 씨에떼?

설탕이 빠진 것도 있나요?
Avete qualcosa con meno zucchero?
아베떼 꽐꼬자 꼰 메노 주께로?

비스킷을 원하시나요?
Vuole dei biscotti?
부올레 데이 비스코띠?

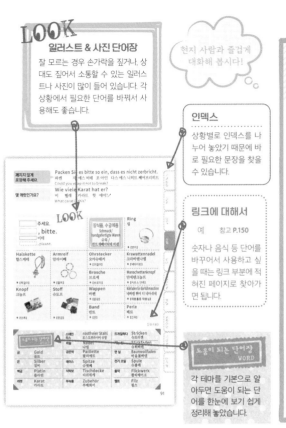

LOOK
일러스트 & 사진 단어장
잘 모르는 경우 손가락을 짚거나, 상대도 짚어서 소통할 수 있는 일러스트나 사진이 많이 들어 있습니다. 각 상황에서 필요한 단어를 바꿔서 사용해도 좋습니다.

현지 사람과 즐겁게
대화해 봅시다!

인덱스

상황별로 인덱스를 나누어 놓았기 때문에 바로 필요한 문장을 찾을 수 있습니다.

링크에 대해서

예   참고 P.150

숫자나 음식 등 단어를 바꾸어 사용하고 싶을 때는 링크 부분에 적혀진 페이지로 찾아가면 됩니다.

각 테마를 기본으로 알아두면 도움이 되는 단어를 한눈에 보기 쉽게 정리해 놓았습니다.

회화 수첩으로 적극적으로 현지 사람들과 의사소통해 보는 방법!

비결 1 책의 가장 앞부분에 나오는 인사나 기본 문장을 사전에 외워둡시다.

간단한 인사나 기본이 되는 문장을 외워 두면 유사시에 편리합니다.
P.10

비결 2 사진과 일러스트 단어를 상대방에게 보여주며 의사 전달합니다.

하고 싶은 말이 잘 전달되지 않을 때에는 사진이나 일러스트를 보여서 본인의 의사를 전달해 봅시다.
P.33 / 44 / 77

비결 3 한국문화를 소개하고 적극적으로 커뮤니케이션합니다.

해외에는 한국문화에 관심 있는 사람도 많아요. 자기 나라에 대해서 소개할 수 있다면 대화도 해 봐요.
P.146

발음에 대해
다양한 문장 표현과 단어에 한국어 표기를 덧붙였습니다. 그대로 읽으면 현지에서 알아들을 수 있을 정도의 비슷한 발음으로 적어 두었으니, 적극적으로 소리내어 말해 보세요.

● 기본적인 외래어 표기
이탈리아어의 표기는 21개의 알파벳으로 구성되어 있습니다. 먼저 이탈리아어의 다양한 단어들을 외래어 표기법에 준수하여 내용을 반영하였고, 외래어 표기법에 따른 표기가 어려울 경우에는 현지 발음에 따른 외래어 표기를 진행했습니다.

● R발음은 혀를 굴리면서 해 보세요.
가능하면 L과 R을 구별해서 발음할 수 있도록 합니다. L은 혀 끝을 앞니의 뒤에 붙여 'ㄹ' 발음이 나듯이 발음합니다. 반면에 R은 혀를 굴려 발음합니다. rr의 경우는 한 번 발음할 때 강하게 혀를 굴려 발음합니다.

Contents

상황별 대화는 6가지 분야로 소개하고 있습니다.

관광　　맛집　　쇼핑　　엔터테인먼트　　뷰티　　호텔

이탈리아는 이런 곳입니다.

맛있는 음식과 예술 작품, 멋진 길거리….
매력적인 이탈리아는 많은 사람들을 유혹하고 있습니다.

이탈리아 기본 정보

 사용하는 언어는?

 이탈리아어입니다.
북부 지방에서는 독일어와 프랑스어도
사용하고 있습니다.

 화폐는?

 유로화(€)입니다.
2002년부터 유럽 연합(EU) 가맹국
으로서 유럽 연합의 화폐인 유로를
사용하고 있습니다.

 추천하는 여행 시즌은?

 4·5월과 9·10월이 가장 좋습니다.
지중해성 기후의 온난한 날씨를 느낄 수
있는 가장 좋은 시즌입니다. 지역에 따라
날씨가 다르므로 옷은 잘 준비해야 합니
다. 봄부터 가을에 걸쳐서는 따뜻한 날씨
를 느낄 수 있는 최고의 여행 시즌입니다.

이탈리아의 매너를 알아봅시다.

- **인사는 매우 중요!** : 이탈리아인은 인사
를 중요하게 생각하기 때문에, 모르는 사람
끼리도 말을 걸고 인사를 나눕니다. 만약 현
지인이 말을 걸어온다면 간단한 인사로 화
답해요.

- **성당에서는 항상 주의!** : 로마 가톨릭의
성지, 바티칸이 있는 이탈리아에는 세계 각
국의 성직자들이 방문하기도 합니다. 성당
에서는 예의를 갖추고, 노출이 심한 옷은 자
제하는 것이 좋습니다.

- **반드시 금연!** : 금연법이 시행되고 있어
레스토랑이나 카페, 미술관, 클럽 등 공공장
소의 실내에서는 모두 금연입니다. 위반 시
에는 벌금을 물 수 있으니 주의하세요.

이탈리아의 대표적인 지명

Milano
밀라노

세계 유행의 시작을 알리는
곳으로 유명한 밀라노. 레오
나르도 다빈치의 대표작 '최
후의 만찬'이 그려진 도미니
크회 수도원이 있는 곳으로도
알려져 있습니다.

Firenze
피렌체

르네상스 문화를 꽃피운
'꽃의 도시'. 그 아름다움에
서 '천장이 없는 미술관'이
라고도 불리고 있습니다.

Roma
로마

세계문화유산이 즐비한 '영원의 도시'. 로마
가톨릭의 심장인 바티칸 시국(Stato della
Città del Vaticano)도 볼 수 있는 곳. 까르보
나라 등 로마에서 시작한 파스타도 맛 볼 수
있답니다.

돌로미티
트렌티노
알토
아디제
Trentino-Alto-Adige
발레다오스타주
Valle d'Aosta
코모호
가르다호
베로나
밀라노
베네토주
Veneto
피에몬테주
Piemonte
에밀리아 로마냐주
Emilia-Romagna
리구리아주
Liguria
피렌체
리구리아해
피사
시에나
Mare Ligure
토스카나주
Toscana
로마
바티칸 시국
사르데냐주
Sardegna

그 외의 관광지 *WORD*

피사 **Pisa** 피사	알베로벨로 **Alberobello** 알베로벨로	시칠리아 **Sicilia** 시칠리아
베로나 **Verona** 베로나	시에나 **Siena** 시에나	아시시 **Assisi** 아씨씨

이탈리아의 치안은?

치안이 그다지 좋다고 이야기할 수 없는 이탈리아. 소매치기나 바가지 요금에 피해 입지 않도록 역 안이나 관광지 등에서 특히 눈에 불을 켜고, 긴장을 늦추지 마세요!

Venezia
베네치아

아드리아해에 떠오른 수상 도시. 산 마르코 광장과 리알토 다리 등을 볼 수 있는 곳으로 신선한 해산물을 재료로 하는 다양한 음식들을 만나볼 수 있습니다.

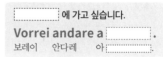

원포인트

지명을 사용해 말해 봅시다.

☐에 가고 싶습니다.

Vorrei andare a ☐.
보레이　안다레　아

목적지를 전달할 때는 지명을 확실하게 이야기해요.

포리울리·베네치아·줄리아주
Friuli-Venezia Giulia
베네치아

아드리아해
Mar Adriatico

산마리노 공화국

마르케주
Marche

아시시

움브리아주
Umbria

아브루초주
Abruzzo

몰리세주
Molise

라치오주
Lazio

캄파니아주
Campania

나폴리　폼페이

카프리섬　아말피
Isola di Capri

풀리아주
Puglia

아베로벨로

바실리카타주
Basilicata

티레니아해
Mar Tirreno

칼라브리아주
Calabria

시칠리아주
Sicilia

이오니아해
Mare Ionia

Sud Italia
남부 이탈리아

푸른 동굴로 유명한 카프리섬과 이탈리아의 손꼽히는 휴양지 아말피(Amalfi), 피자의 시작점이라고 알려진 나폴리(Napoli) 등, 빼놓을 수 없는 관광지가 많은 지역입니다.

어디에서 오셨습니까?

Di dov'è?
디　도베

DATA

정식 국명 / 이탈리아 공화국
인구 / 약 6,062만명
면적 / 약 30만1,230㎢
수도 / 로마
한국과의 시차 / -8시간
(서머타임 시 -7시간)

저는 ☐에서 왔습니다.

Sono di ☐.
소노　디

현지인과 커뮤니케이션을 하면서 여행의 재미를 느껴 보세요.

9

먼저 인사부터 시작해 봅시다.

커뮤니케이션의 시작은 인사부터!
먼저 기본적인 인사 표현을 알고, 적극적으로 사용하는 것부터 시작해 봐요.

안녕하세요(아침). / 안녕하세요(점심). / 안녕하세요(저녁).
Buongiorno. / Buongiorno. / Buonasera.
본죠르노 / 본죠르노 / 부오나세라
Good morning. / Good afternoon. / Good evening.

안녕히 계세요. / 안녕.
Arrivederci. / Ciao.
아리베데르치 / 챠오
Good-bye. / Bye.

네. / 아니오.
Sì. / No.
씨 / 노
Yes. / No.

좋은 하루 되세요.
Buona giornata.
부오나 죠르나타
Have a nice day.

감사합니다.
Grazie.
그라찌에
Thank you.

천만에요.
Prego.
프레고
You are welcome.

또 봐요! / 내일 봐요!
A presto! / A domani!
아 프레스토! / 아 도마니!
Bye! / See you tomorrow.

의사는 확실하게 전해요.
다른 사람에게 권유를 받은 경우는 '네', '아
니오'를 확실하게 말해요. 명확한 의사 전달
을 하지 않고 애매한 태도를 취하는 것은 그
자체만으로 오해를 불러일으킬 수 있어요.

기본회화

관광

맛집

쇼핑

엔터테인먼트

뷰티

호텔

교통수단

기본정보

단어장

만나서 반갑습니다, 제 이름은 <u>김미나</u>입니다.
Piacere, sono Mina Kim.
피아체레　소노　미나　김
Nice to meet you. I'm Mina Kim.

만나서 반가워요.
Sono molto lieto di conoscerLa.
쏘노　몰또　리에토 디 꼬노셰를라
I'm glad to see you.

당신은 한국에서 오셨습니까?
È dal Corea?
에 달　꼬레아?
Are you from korea?

네, 서울에서 왔습니다.
Sì, vengo da Seul.
씨　벤고　다 세울
Yes, I'm from Seoul.

실례합니다.
Mi scusi.
미　스쿠지
Excuse me.

네, 무슨 일이세요?
Come?
꼬메?
Pardon?

11

알아 두면 편리한 문장들을 모아 봤어요.

여행지에서 자주 쓰이는 간단한 문장 표현을 모았습니다.
이것만으로도 의사소통의 폭이 확 넓어진답니다.

여행 전에 외워 두면
편해요!

시간이 얼마나 걸리나요?
Quanto tempo ci vuole?
꽌또   템포   치 부올레?
How long does it take?

얼마입니까?
Quanto costa?
꽌또   꼬스타?
How much is it?

네, 부탁드려요. / 아니요, 괜찮아요.
Sì, prego. / No, grazie.
씨 프레고 / 노   그라찌에
Yes, please. / No, thank you.

이것은 무엇입니까?
Cos'è questo?
꼬제   꿰스또?
What is this?

이해하지 못했습니다.
Non ho capito.
논   오 까피또
I don't understand.

모르겠습니다.
Non lo so.
논   로 소
I don't know.

다시 한번 말씀해 주시겠습니까?
Può ripetere, per favore?
푸오 리페떼레   페르 파보레?
Please repeat that again.

조금만 천천히 말씀해 주시겠어요?

Può parlare più lentamente, per favore?

푸오 파를라레 퓨 렌타멘테 페르 파보레?

Could you speak more slowly?

한국어[영어]를 할 수 있는 사람이 있나요?

C'è qualcuno che parla coreano[Inglese]?

체 꽐꾸노 께 빠를라 꼬레아노[잉글레제]?

Is there anyone who speaks Korean [English]?

당연하죠. / OK.

Certo. / OK.

체르또 / 오케이

Sure. / OK.

저요? / 당신이요?

Io? / Lei?

이오? / 레이?

Me? / You?

이것으로 부탁드립니다.

Questo, per favore.

꿰스또　　　페르 파보레

Can I have this?

말씀하신 것을 이 종이에 써 주실 수 있나요?

Può scrivere quello che ha detto?

푸오 스크리베레 꿸로 께 아 데또?

Could you write down what you said?

아주 좋습니다. / 나쁘지 않아요.

È molto buono. / Non c'è male.

에 몰또 부오노 / 논 체 말레

It's very good. / It's not bad.

아니요.

No.

노

No.

죄송합니다.

Mi dispiace.

미 디스피아체

I'm sorry.

언제? / 누구? / 어디서? / 왜?

Quando? / Chi? / Dove? / Perché?

꽌도? / 끼? / 도베? / 페르께?

When? / Who? / Where? / Why?

알아 두면 편리한 문장들을 모아 봤어요.

부탁드려요.

, per favore.

페르 파보레.

, please.

Point ~, per favore. 자신의 요구 사항을 상대방에게 전달할 때 쓰는 표현입니다.
에 물건이나 서비스 등을 넣어 써 봅시다. 원하는 물건을 받았거나
뭔가 호의를 받았을 때에는 Grazie.라고 한마디하는 것은 잊지 않기!

커피

caffè
카페
coffee

차

tè
테
tea

콜라

coca-cola
코카콜라
coke

생수

acqua minerale
아꾸아 미네랄레
mineral water

맥주

birra
비라
beer

레드 와인

vino rosso
비노 로쏘
red wine

소고기

carne di manzo
까르네 디 만조
beef

닭고기

carne di pollo
까르네 디 폴로
chicken

피자

pizza
피짜
pizza

파니니

panino
파니노
panini

메뉴

menu
메뉴
menu

지도

mappa
마빠
map

여행지에서 자주
사용하는 표현으로 반복해서
외워 두세요.

팸플릿

opuscolo
오푸스콜로
brochure

영수증

ricevuta
리체부타
receipt

☐☐☐☐ 해도 되나요?

Posso ☐☐☐☐ ?

포쏘 ☐☐☐☐?

Can I ☐☐☐☐?

Point

Posso~?는 '~해도 좋을까요?' 라는 표현으로 상대방에게 허락을 구할 때 쓰는 표현입니다. 또 '~해도 될까요(가능할까요)?' 라고 부탁하거나 묻는 표현입니다. ☐☐☐☐ 에 자신이 하고 싶은 것을 넣어 말해 봅시다. 상대방은 주로 Sì 또는 No라고 답할 것입니다.

사진을 찍다

fare una fotografia

파레 우나 포토그라피아

take a picture

화장실 가다

andare in bagno

안다레 인 반뇨

go to a toilet

주문하다

ordinare

오르디나레

order

여기에 앉다

sedermi qui

세데르미 뀌

sit here

창문을 열다

aprire la finestra

아프리레 라 피네스트라

open the window

예약하다

fare una prenotazione

파레 우나 프레노타찌오네

make a reservation

체크인하다

fare il check-in

파레 일 체크인(테크인)

check in

그곳에 가다

andare lì

안다레 리

go there

여기에 머물다

stare qui

스타레 뀌

stay here

전화를 사용하다

usare il telefono

우자레 일 텔레포노

use a phone

나중에 전화하다

chiamare più tardi

끼아마레 퓨 타르디

call later

쿠폰을 사용하다

usare un coupon

우자레 운 코우폰

use a coupon

거기로 걸어가다

andarci a piedi

안다르치 아 피에디

walk there

사람들을 찍고
싶을 때는 허락을 받고
촬영하세요.

여기서 결제하다

pagare qui

파가레 뀌

pay here

알아 두면 편리한 문장들을 모아 봤어요.

[   ] 어디에 있나요?

Dov'è [   ] ?

도베 [   ] ?

Where is [   ] ?

Point Dov'è ~?는 '장소' 등을 물을 때 쓰는 표현입니다. 어딘가에 가고 싶을 때나 찾고 싶은 물건이 있을 때 사용합니다. [   ] 에 장소, 물건, 사람 등을 넣어 물어보면 됩니다.

이 레스토랑

questo ristorante
꿰스또   리스토란테
this restaurant

화장실

il bagno
일 반뇨
a restroom

역

la stazione
라 스따찌오네
a station

지하철역

la stazione della metropolitana
라 스따찌오네 델레 메트로폴리타나
a subway station

매표소

la biglietteria
라 빌리에떼리아
a ticket booth

나의 좌석

il mio posto
일 미오 포스토
my seat

카페

un bar
운 바
a cafe

안내소

l'ufficio informazioni
루피쵸   인포르마찌오니
an information center

에스컬레이터

la scala mobile
라 스칼라 모빌레
an escalator

엘리베이터

l'ascensore
라셴소레
an elevator

계단

la scala
라 스칼라
stairs

은행

la banca
라 반카
a bank

길을 잃어버렸을 때
사용해 보세요.

우체국

l'ufficio postale
루피쵸   포스탈레
a post office

경찰서

la polizia
라 폴리찌아
a police station

16

있나요?

Avete ?

아베떼 :.................:?

Do you have :.................:?

Point

Avete ~?은/는 있습니까?' 라고 물을 때 쓰는 표현입니다. :.................: 에 제품이나 물건, 요리 등을 넣고 가게에서 자신이 원하는 물건을 팔고 있는지 물을 때나, 식당에서 주문을 할 때 등에 사용하세요.

약
delle medicine
델레 메디치네
medicines

티슈
un fazzolettino di carta
운 파쫄레띠노 디 카르타
a tissue paper

잡지
una rivista
우나 리비스타
a magazine

초콜릿
del cioccolato
델 쵸꼴라또
chocolate

변압기
una sottostazione elettrica
우나 소또스타찌오네 엘레뜨리카
a transformer

지도
una mappa
우나 마빠
a map

잼
della marmellata
델라 마르멜라타
jam

케첩
del ketchup
델 켓쿱
ketchup

소금
del sale
델 쌀레
salt

후추
del pepe
델 페페
pepper

냅킨
un tovagliolo di carta
운 토발리올로 디 카르타
a paper napkin

건전지
una pila
우나 필라
a battery

복사기
una fotocopiatrice
우나 포토코피아트리체
a copy machine

생리대는
assorbente(아쏘르벤떼)
라고 합니다.

가위
delle forbici
델레 포르비치
scissors

알아 두면 편리한 문장들을 모아 봤어요.

[   ] 을/를 찾고 있습니다.

Sto cercando [   ].

스토 체르칸도 [   ].

I'm looking for [   ].

Point Sto cercando ~. 는 '~을/를 찾고 있습니다'라고 상대방에게 전하는 표현입니다. '잃어버린 물건', '사고 싶은 물건', '찾는 물건'만이 아닌, '가고 싶은 장소' 등을 전하고 싶을 때에도 쓰입니다.

나의 지갑
il mio portafoglio
일 미오 포르타폴리오
my wallet

나의 여권
il mio passaporto
일 미오 파싸포르토
my passport

나의 카메라
la mia macchina fotografica
라 미아 마끼나 포토그라피카
my camera

화장실
un bagno
운 반뇨
a restroom

출구
un'uscita
우누쉬타
an exit

입구
un'entrata
우넨트라타
an entrance

티셔츠
una maglietta
우나 말리에따
a T-shirt

신발
delle scarpe
델레 스카르페
shoes

가방
una borsa
우나 보르사
a bag

화장품
dei cosmetici
데이 코스메티치
cosmetics

사진관
un fotografo
운 포토그라포
a photo shop

환전소
l'ufficio di cambio
루피쵸 디 캄비오
a money exchange

사람을 찾을 때에도
쓰입니다.

서점
una libreria
우나 리브레리아
a bookstore

아스피린
un'aspirina
우나스피리나
an aspirin

해 주실 수 있나요?

Può  ?

푸오 ?

Could you ?

Point Può ~? 는 '괜찮으시면 ~ 해 주실 수 있을까요?'라고 정중하게 상대방에게 전하는 표현입니다. 에 '상대방이 해 주었으면 하는 것'을 넣어 씁니다.

부탁을 들어주다
farmi un favore
파르미 운 파보레
do me a favor

도와주다
aiutarmi
아이우타르미
help me

다시 말하다
ripetere
리페테레
say that again

좀 더 천천히 말하다
parlare più lentamente
파를라레 퓨 렌타멘테
speak more slowly

말한 것을 쓰다
scrivere quello che ha detto
스크리베레 꿸로 께 아 데또
write down what you said

택시를 부르다
chiamarmi un taxi
끼아마르미 운 탁씨
call me a taxi

길을 알려 주다
indicarmi la strada
인디카르미 라 스트라다
show me the way

담요를 주다
darmi una coperta
다르미 우나 코페르타
give me a blanket

의사를 부르다
chiamare un dottore
끼아마레 운 도또레
call me a doctor

잠시 기다리다
aspettare un minuto
아스페따레 운 미누토
wait a minute

찾다
cercare
체르카레
look for it

주변을 안내하다
guidare
구이다레
show me around

짐을 옮기다
portare i bagali
포르타레 이 바갈리
carry the luggages

앞서 배운 ~, per favore.
(페르 파보레) 표현보다
더 진심을 담아 쓰는 표현입니다.

주소를 말해 주다
fare sapere l'indirizzo
파레 사페레 린디리쪼
tell me your address

이탈리아의 말씨

현지인에게 내 마음을 전달해 봅시다.

이탈리아어 표현들을 외우는 것은 조금 어려운 일이지만, 감정을 바로 전달할 수 있는 한마디를 사전에 알아 둔다면 현지에서 마치 죽마고우를 만난 듯 쉽게 친해질 수 있답니다.

가볍게 인사를 할 때는…

Ciao! 챠오
안녕!

친한 사람끼리 쓰는 가장 일반적인 인사입니다. 만났을 때 뿐만 아니라 헤어질 때도 쓰는 표현입니다.

짱! 대박! 이라고 말하고 싶다면

Strabuono! 스트라부오노
정말 맛있다!

Stra-를 앞에 붙이면, 한국어에서의 짱, 대박-! 의 의미로 사용할 수 있어요.

상대방에게 힘을 주고 싶을 때…

Forza! 포르짜
파이팅!

상대방에게 '힘내세요!'라고 말하고 싶을 때는 이 한마디로 끝!

'세상에!'라고 말하고 싶을 때에는…

Mamma mia!
맘마 미아
이럴수가!

엄청난 감동이나 놀라움을 표현하는 말입니다.

멋진 사람을 발견했다면…

Che bello! 께 벨로
멋지다!

'멋진' 대상이 남성 또는 남성 명사인 경우에는 이렇게 이야기 합니다.

그 외에…

Ho una fidanzata amorevole!
오 우나 피단짜타 아모레볼레
나에게는 사랑하는 사람이 있습니다.

헌팅 당했을 때 거절할 수 있는 말로 쓰면 됩니다.

Ciao bella!는 '아름다운 사람'이라는 의미로 헌팅할 때 쓰는 전형적인 표현입니다. 이 말을 들었다면 주의

이탈리아어의 대화 특징에 대해 알아 두세요.

원활한 의사소통에 필요한 것은 단순히 언어 지식만은 아닙니다.
그 나라의 문화와 사고방식, 행동의 배경을 아는 것이 가장 중요합니다.

상대방에게 친근감있게 대하는 것도 중요하지만, 이유 없는 웃음은 오히려 문제가 될 수도 있으니 주의!

옷가게에서 옷을 찾아보고 싶을 때는 점원에게 **Posso provare questo?**(포쏘 프로바레 꿰스또)라고 꼭 말해요.

길거리에서 누군가와 부딪혔다면 꼭 미안합니다라고 말합니다. 정신없는 와중이라도 미안하다고 하지 않는 경우는 매너없는 행동이 될 수 있어요.

이야기를 하면서 고개를 끄덕이는 행동은 삼가 주세요. 상대방의 말에 무조건적으로 납득하고 있다는 의미가 될 수 있어요.

이런 상황에서
실제로 사용해 봅시다.

여행지에서는 여러 가지 상황에 마주치게 됩니다.

맛있는 요리를 먹고 만족하거나 쇼핑 중 눈에 들어온 아이템을 사거나 할 것입니다.

또는, 길을 잃어버리거나 물건을 잃어버리게 되는 경우도 있을지 모릅니다.

좋은 추억을 만들기 위해서 유사시에

여러분에게 도움을 줄 수 있는 것은 현지인들과의 회화입니다.

현지 사람들과 적극적으로 의사소통을 하면서,

여행을 보다 풍부하고 재미있게 만들어 봅시다.

뷰티
bellezza
벨레짜

쇼핑
spesa
스페자

엔터테인먼트
divertimento
디베르티멘토

맛있다!
Delizioso!
델리찌오조!

맛있게 드세요
Buon appetito
부온　아뻬티토

관광
turismo
투리스모

맛집
buongustaio
부온구스타이오

먼저 길거리를 거닐어 볼까요?

시내가 미술관같이 아름다운 이탈리아. 도시 곳곳의 아름다움도
가지각색입니다. 돌길에 발끝이 닿는 대로 길거리를 거닐어 봅시다.

길을 묻는 표현

질문하나해도 될까요?	**Posso farLe una domanda?** 포쏘 파를레 우나 도만다? Excuse me.
콜로세움에 가길 원합니다.	**Vorrei andare al Colosseo.** 보레이 안다레 알 콜로쎄오 I'd like to go to the Colosseo. 참고 P.32
이 주소로 가길 원합니다.	**Vorrei andare a questo indirizzo.** 보레이 안다레 아 꿰스토 인디리쪼 I'd like to go to this address.
우회전하면 당신의 왼편에 있을 거예요.	**Giri a destra, e poi lo trova alla Sua sinistra.** 지리 아 데스트라, 에 뽀이 로 트로바 알라 수아 씨니스트라 Turn right and it's on your left.
이 지도에서 이곳은 어디에 있나요?	**Dove lo si trova in questa mappa?** 도베 로 씨 트로바 인 꿰스따 마빠? Where is it on this map?
길을 잃었어요.	**Mi sono perso.** 미 쏘노 페르소 I'm lost.
여기는 어디인가요?	**Dove sono?** 도베 쏘노? Where am I?
이 거리의 이름은 무엇입니까?	**Come si chiama questa via?** 꼬메 씨 끼아마 꿰스따 비아? What is this street's name?
그곳까지 제가 걸어갈 수 있나요?	**Posso andare a piedi fino a lì?** 포쏘 안다레 아 피에디 피노 아 리? Can I walk there?
그곳에 가기 위해 어떤 버스를 타야하나요?	**Qual'è l'autobus per andarci?** 꽐레 라우토부스 페르 안다르치? Which bus should I take?

실례합니다.
Scusi.
스쿠지

감사합니다.
Grazie.
그라찌에

길을 물을 때 쓰는 단어

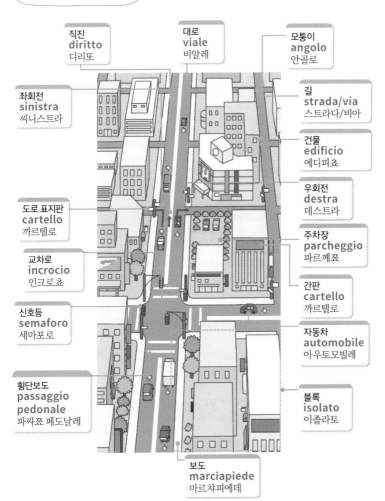

직진
diritto
디리또

대로
viale
비알레

모퉁이
angolo
안골로

좌회전
sinistra
씨니스트라

길
strada/via
스트라다/비아

건물
edificio
에디피쵸

우회전
destra
데스트라

도로 표지판
cartello
까르텔로

주차장
parcheggio
파르께쬬

교차로
incrocio
인크로쵸

간판
cartello
까르텔로

신호등
semaforo
세마포로

자동차
automobile
아우토모빌레

횡단보도
passaggio
pedonale
파싸쬬 페도날레

블록
isolato
이졸라토

보도
marciapiede
마르챠피에데

23

먼저 길거리를 거닐어 볼까요?

관광지1에서

우피치 미술관이 오늘 여나요?

Oggi è aperta la Galleria degli Uffizi?
오찌 에 아페르타 라 갈레리아 델리 우피찌?
Is the Uffizi Museum open today?

참고 P.32

열어요. / 쉽니다.

Sì, lo è. / No, non lo è.
씨 로 에 에 / 노 논 로 에
Yes, it is. / No, it isn't.

입장료는 얼마입니까?

Quanto costa l'ingresso?
꽌또 코스타 린그레쏘?
How much is the admission?

할인하나요?

Ci sono sconti?
치 쏘노 스콘티?
Do you have any discounts?

성인 두 명이요.

Per 2 adulti, per favore.
페르 두에 아둘티 페르 파보레
Two adults, please.

참고 P.150

오늘 몇 시까지 영업하세요?

Fino a che ora siete aperti oggi?
피노 아 께 오라 씨에테 아페르티 오찌?
How late are you open today?

한국어로 된 팸플릿이 있나요?

Avete un opuscolo in coreano?
아베떼 운 오푸스콜로 인 꼬레아노?
Do you have a korean brochure?

제 가방을 맡길 수 있나요?

Posso depositare la mia borsa?
포쏘 데포지타레 라 미아 보르사?
Could you store my baggage?

여기는 무엇이 있나요?

Cosa c'è qui?
꼬자 체 뀌?
What is here?

여기에 유명한 작품이 있나요?

C'è qualche opera famosa?
체 꽐께 오페라 파모자?
Are there any famous works here?

이것은 언제 지어졌나요?

Quando è stato costruito?
꽌도 에 스타토 코스트룰토?
When was it built?

몇 시에 시작하나요?	**A che ora inizia?** 아 께 오라 이니찌아? What time does it start?
이 교회의 이름은 무엇인가요?	**Qual'è il nome della chiesa?** 꽐레 일 노메 델라 끼에자? What is the name of that church?
안쪽을 둘러봐도 될까요?	**Posso dare un'occhiata dentro?** 포쏘 다레 우노끼아타 덴트로? Can I take a look inside?
들어가도 될까요?	**Posso entrare?** 포쏘 엔트라레? Can I go in?
출구[입구]는 어디입니까?	**Dov'è l'uscita[l'entrata]?** 도베 루쉬타[렌트라타]? Where is the exit[entrance]?
가장 가까운 화장실이 어디인가요?	**Dov'è il bagno più vicino?** 도베 일 반뇨 퓨 비치노? Where is the nearest restroom?
제 사진 한 장 찍어 주실 수 있으세요?	**Può farmi una foto, per favore?** 푸오 파르미 우나 포토, 페르 파보레? Could you take a photo?
버튼을 누르시면 됩니다.	**Basta spingere il bottone.** 바스타 스핀제레 일 보토네 Just push the button.
사진을 찍어도 될까요?	**Posso fare delle fotografie?** 포쏘 파레 델레 포토그라피에? Can I take pictures?
플래시를 사용해도 될까요?	**Posso usare il flash?** 포쏘 우자레 일 플라쉬? Can I use a flash?

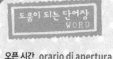
도움이 되는 단어장 WORD

	폐점 시간 **orario di chiusura** 오라리오 디 끼우주라	낙서 금지 **vietato disegnare** 비에타토 디세냐레
	촬영 금지 **vietato fotografare** 비에타토 포토그라파레	출입 금지 **vietato entrare** 비에타토 엔트라레
오픈 시간 **orario di apertura** 오라리오 디 아페르투라	플래시 사용 금지 **vietato usare il flash** 비에타토 우자레 일 플라쉬	사적인 공간 **privato** 프리바토

먼저 길거리를 거닐어 볼까요?

관광 안내소를 이용해 봅시다

관광 안내소는 어디입니까?	**Dov'è l'ufficio turistico?** 도베　루피쵸　투리스티코? Where is the tourist information?
무료 지도가 있나요?	**Avete qualche pianta gratis?** 아베떼　꽐께　피안타　그라티스? Do you have a free map of this area?
관광 팸플릿을 받을 수 있을까요?	**Mi può dare un opuscolo, per favore?** 미 푸오 다레 운 오푸스콜로　페르 파보레? Can I have a sightseeing brochure?
그 중에 한국어도 있나요?	**Ne avete uno in coreano?** 네 아베떼 우노 인 꼬레아노? Do you have one in Korean?
이 시내에서 좋은 장소를 추천해주시겠어요?	**Mi può dire cosa c'è di bello in questa città?** 미 푸오 디레 꼬자 체 디 벨로 인 꿰스따 치따? Could you recommend some interesting places?
당일치기로 방문하기 좋은 장소를 추천해주시겠어요?	**Mi può consigliare qualche posto da visitare in un giorno?** 미푸오 콘실리아레 꽐께　포스토 다 비지타레 인 운 죠르노? Could you recommend some places for a day trip?
경치가 좋은 곳은 어디입니까?	**Dove posso trovare un posto con un bel panorama?** 도베 포쏘　트로바레 운 포스토 꼰 운 벨 파노라마? Where is a place with a nice view?
오늘 열었나요?	**È aperto lì oggi?** 에 아페르토 리 오찌? Is it open today?
문을 닫는 날이 언제인가요?	**Mi dia il giorno di chiusura, per favore?** 미 디아 일 죠르노　디 끼우수라　페르 파보레? When do they close?
화요일이에요. / 매일 운영합니다.	**È martedi. ╱ È sempre aperto.** 에 마르테디 ╱　에 셈프레　아페르토 Tuesday. ╱ It is open every day. 참고 P.151
콜로세움을 보고 싶어요.	**Vorrei vedere il Colosseo.** 보레이　베데레　일 콜로쎄오 I'd like to see the Colosseo. 참고 P.32

제가 그곳까지 걸어서 갈 수 있나요?	**Ci si arriva a piedi?** 치 씨 아리바 아 피에디? Can I walk there?
여기서 먼가요?	**È lontano da qui?** 에 론타노 다 뀌? Is it far from here?
가까워요. / 버스로 10분 걸려요.	**È vicino. /Ci vogliono 10 minuti di autobus.** 에 비치노 / 치 볼리오노 디에치 미누티 디 아우토부스 It's near. / It's ten minutes by bus. 참고 P.150
여기서 걸어서 얼마나 걸리나요?	**Quanti minuti ci vogliono a piedi da qua?** 꽌띠 미누티 치 볼리오노 아 피에디 다 꽈? How long does it take to walk from here?
그곳에 어떻게 가는지 알려 주실 수 있나요?	**Mi può indicare come si arriva lì, per favore?** 미 푸오 인디카레 꼬메 씨 아리바 리 페르 파보레? Could you tell me how to get there?
그곳에 지하철을 타고 갈 수 있나요?	**Posso andare in metro?** 포쏘 안다레 인 메트로? Can I go there by subway?
이 지도로 길을 알려 주실 수 있나요?	**Mi può mostrare la strada sulla cartina?** 미 푸오 모스트라레 라 스트라다 술라 카르티나? Could you show me the way on this map?
랜드마크가 있나요?	**C'è qualche segno particolare?** 체 꽐께 센뇨 파르티꼴라레? Are there any landmarks?
여기서 가까운 안내사무소[경찰서]가 있나요?	**C'è l'ufficio informazioni[il posto di polizia] qui vicino?** 체 루피쵸 인포르마찌오니[일 포스토 디 폴리찌아] 뀌 비치노? Is there an information center[police station] near here?
다시 한번 말씀해 주시겠어요?	**Può ripetere, per favore?** 푸오 리페테레 페르 파보레? Could you repeat it again?
우회전이에요, 좌회전이에요?	**È a destra o a sinistra?** 에 아 데스트라 오 아 씨니스트라? Is it on the right or the left?
지도를 그려 주실 수 있나요?	**Mi può disegnare una piantina?** 미 푸오 디세냐레 우나 피안티나? Could you draw me a map?

교과서에서 본 그 작품을 보러 가 볼까요?

사진에서 봤던 낯익은 그 명화, 그 미술품. 눈앞에 그려지는 그 이미지를 놓치지 마세요.
확실하게 눈도장 찍고 올 것!

빨리 안으로 들어가 봅시다

로마 패스란?

30유로에 3일간, 로마 시내의 버스나 지하철(A선, B선)을 마음대로 타고, 로마 시내의 미술관 등 2곳 까지 무료(3곳부터는 할인요금)로 이용할 수 있는 카드입니다. 관광 안내소 등에서 구입 가능합니다.

티켓 창구가 어디 있나요?	**Dov'è la biglietteria?** 도베 라 빌리에떼리아? Where is the ticket counter?
로마 패스를 갖고 있습니다.	**Ho un Roma Pass.** 오 운 로마 파쓰 I have a Roma Pass.
건물 지도를 갖고 있으세요?	**Avete una pianta dell'edificio?** 아베떼 우나 피안타 델레디피쵸? Do you have a floor map?
한국어로 된 팸플릿을 갖고 있으세요?	**Avete un opuscolo in coreano?** 아베떼 운 오푸스콜로 인 꼬레아노? Do you have a Korean brochure?
몇 시에 여나요 [닫나요]?	**A che ora apre[chiude]?** 아 께 오라 아프레[끼우데]? What time does it open[close]?
박물관 안에 기념품 샵이 있나요?	**C'è un negozio di souvenir nel museo?** 체 운 네고찌오 디 소우베니르 넬 무세오? Is there a museum shop?
로커가 있나요?	**C'è un armadietto?** 체 운 아르마디에또? Is there a locker?

도움이 되는 단어장 WORD

레오나르도 다빈치
Leonardo da Vinci
레오나르도 다 빈치

『최후의 만찬』
L' Ultima Cena
룰티마 체나

미켈란젤로
Michelangelo
미껠란젤로

『다비드 상』
Davide
다비데

라파엘로
Raffaello
라파엘로

『성모 마리아(예수의 어머니)』
Madonna della Seggiola
마돈나 델라 세찌올라

필리포 리피
Filippo Lippi
필립뽀 리삐

『성모와 아기예수』
Madonna col Bambino e due Angeli
마돈나 꼴 밤비노 에 두에 안젤리

28

한국에서 '2층'이 이탈리아에서는 '1층'
이탈리아에서는 건물의 층수를 세는 방법이 한국과는
다릅니다. 한국에서 말하는 '1층'이 '지층'(piano terra),
'2층'이 '1층'(primo piano), '3층'이 '2층'(secondo piano)
이 되므로 유의하세요!

느긋하게 둘러보고 싶어요

오늘 특별한 전시회가 열리나요?	**C'è qualche esposizione speciale oggi?** 체 꽐께 에스포씨찌오네 스페찰레 오찌? Do you have any special exhibitions now?
<u>비너스의 탄생</u> 작품은 어디 있습니까?	**Dov'è La Nascita di Venere ?** 도베 라 나쉬타 디 베네레? Where is The Birth of Venus?
오디오 가이드를 들을 수 있을까요?	**L'audioguida, per favore.** 라우디오구이다 페르 파보레 An audio guide, please.
이 길이 맞는 길인가요?	**Va bene questo percorso?** 바 베네 꿰스또 페르코르쏘? Is this the correct way?
이것은 누구의 작품입니까?	**Di chi è questa opera?** 디 끼 에 꿰스따 오페라? Whose work is this?
사진을 찍을 수 있을까요?	**Posso fare delle foto?** 포쏘 파레 델레 포토? May I take a photo?
가장 가까운 화장실이 어디인가요?	**Dov'è il bagno più vicino?** 도베 일 반뇨 퓨 비치노? Where is the nearest restroom?

도움이 되는 단어장 WORD

보티첼리
Botticelli
보띠첼리

「비너스의 탄생」
Nascita di Venere
나쉬타 디 베네레

베리니
Bellini
벨리니

「변모」
Trasfigurazione
트라쓰피구라찌오네

티치아노
Tiziano
티찌아노

「아순타(대표적 세례명)」
Assunta
아쑨따

카라바죠
Caravaggio
까라바죠

「바쿠스」(미켈란젤로)
Bacco
바꼬

현지에서 신청하는 투어로 소확행을!

어디부터 보러 가야 하나 망설여진다면 투어를 신청해 보는 것을 추천합니다.
코스, 일정, 조건 등을 확인하면서 흥미가 있는 곳부터 찾아가 봅시다.

투어 내용을 확인해 봅시다

콜로세움 가는 투어가 있나요?	**C'è una gita per il Colosseo?** 체 우나 지타 페르 일 콜로쎄오? Is there a tour that goes to the Colosseo? 참고 P.32
약속 시간이 몇 시인가요?	**A che ora è l'appuntamento?** 아 께 오라 에 라뿐타멘토? What time do we have to be there?
출발은 어디서 하나요?	**Da dove si parte?** 다 도베 씨 파르떼? Where will we leave from?
이것은 왕복입니까?	**È compreso andata e ritorno?** 에 콤프레소 안다타 에 리토르노? Is it a round trip?
식사 요금이 포함되나요?	**È compresa la tariffa del pasto?** 에 콤프레사 라 타리파 델 파스토? Does it include the meal?
하루[반나절]용 프로그램이 있나요?	**Avete un programma per una giornata[mezza giornata]?** 아베떼 운 프로그람마 페르 우나 죠르나타[메짜 죠르나타]? Do you have an one-day[a half-day] course?

도움이 되는 단어장 WORD		하루	giornata 죠르나타	조언	consiglio 콘실리오
		요금, 가격	tariffa 타리파	식사	pasto 파스토
예약	prenotazione 프레노타찌오네	입장료	tariffa d' ingresso 타리파 딘그레쏘	버스	autobus 아우토부스
팸플릿	opuscolo 오푸스콜로	여행 요금	tariffa di viaggio 타리파 디 비아쬬	야경	panorama notturno 파노라마 노뚜르노
오전	mattina 마띠나	취소 위약금	tariaffa da annullare 타리파 다 안눌라레	성인	adulto 아둘토
오후	pomeriggio 포메리쬬	지불	pagamento 파가멘토	어린이	bambino 밤비노

투어는 어디를 도나요?	**Dove si fa quella gita?** 도베 씨 파 꿸라 지타? Where does the tour visit?
플라자 호텔에서 버스를 타도 되나요?	**Posso prendere l'autobus dall'hotel Plaza ?** 포쏘 프렌데레 라우토부스 달오텔 플라짜? Can we join from Plaza hotel?
플라자 호텔에서 내려 주실 수 있나요?	**Mi fa scendere all'hotel Plaza , per favore?** 미 파 셴데레 알 오텔 플라짜 페르 파보레? Can you drop us off at Plaza hotel?
한국어 가이드가 있나요?	**C'è una guida coreano?** 체 우나 구이다 꼬레아노? Does it have a Korean guide?
제게 투어를 좀 추천해 주시겠어요?	**Quale gita mi consiglia?** 꽐레 지타 미 콘실리아? Could you recommend some tours?
이거 예약할게요.	**Prenoto questo.** 프레노토 꿰스또 I'll take this.
여기로 몇 시까지 돌아와야 하나요?	**A che ora dobbiamo tornare qua?** 아 께 오라 도삐아모 토르나레 꽈? By what time should we be back here?
거기까지 얼마나 걸리나요?	**A che ora arriva da questo momento?** 아 께 오라 아리바 다 꿰스또 모멘토? How long does it take to get there?
화장실은 어디입니까?	**Dov'è il bagno?** 도베 일 반뇨? Where is the restroom?
몇 시에 출발합니까?	**A che ora si parte?** 아 께 오라 씨 파르떼? What time does it leave?
투어 때문에 늦었습니다.	**Sono in ritardo per la gita.** 쏘노 인 리타르도 페르 라 지타 We are late for the tour.
투어를 취소하고 싶습니다.	**Vorrei cancellare la gita.** 보레이 칸첼라레 라 지타 I'd like to cancel the tour.

LOOK

▢ 에 가고 싶습니다.
Vorrei andare a ▢ .
보레이   안다레   아 ▢ .
I'd like to go to ▢ .

관광지
zona turistica
조나 투리스티카

로마입니다.

Colosseo 콜로쎄오 ● 【콜로세움】	**Piazza di Spagna** 피아짜 디 스파냐 ● 【스파냐 광장】	**Foro Romano** 포로 로마노 ● 【포로 로마노】	**Piazza Navona** 피아짜 나보나 ● 【나보나 광장】
Piazza San Pietro 피아짜 산 피에트로 ● 【성 베드로 광장】	**Fontana di Trevi** 폰타나 디 트레비 ● 【트레비 분수】	**Piazza della Minerva** 피아짜 델라 미네르바 ● 【미네르바 광장】	**Pantheon** 판테온 ● 【판테온】
Piazza Colonna 피아짜 콜론나 ● 【콜론나 광장】	**Piazza della Repubblica** 피아짜 델라 레푸블리카 ● 【레푸블리카 광장】	**Palazzo Barberini** 팔라쪼 바르베리니 ● 【바르베리니 궁전】	**Chiesa di Santa Maria in Trastevere** 끼에자 디 산타 마리아 인 트라스테베레 ● 【트라스테베레의 　산타 마리아 성당】
Porta Ostiense 포르따 오스티엔제 ● 【오스티엔세 문】	**Area Sacra di Torre Argentina** 아레아 사크라 디 토레 아르젠티나 ● 【알젠틴 신전】	**Bocca della Verità** 보까 델라 베리타 ● 【진실의 입】	**Terme di Caracalla** 테르메 디 카라칼라 ● 【카라칼라 목욕탕】
Citta del Vaticano 치따 델 바티카노 ● 【바티칸 시국】	**Musei Vaticani** 무세이 바티카니 ● 【바티칸 박물관】	**Stazione Centrale di Termini** 스타찌오네 첸트랄레 디 테르미니 ● 【테르미니 역】	**Castel Sant' Angelo** 카스텔 산탄젤로 ● 【산탄젤로 성】

피렌체입니다.

Cattedrale di Santa Maria del Fiore
까떼드랄레 디 산타 마리아 텔 피오레

● 【산타마리아 대성당】

Campanile di Giotto
캄파닐레 디 죠또

● 【조토의 종탑】

Basilica di Santa Maria Novella
바질리카 디 산타 마리아 노벨라
● 【산타 마리아 노벨라 성당】

Galleria degli Uffizi
갈레리아 델리 우삐찌

● 【우피치 미술관】

Palazzo Pitti
팔라쪼 피띠

● 【피티 궁전】

Ponte Vecchio
폰테 베끼오

● 【베키오 다리】

Palazzo Vecchio
팔라쪼 베끼오

● 【베키오 궁전】

Basilica di San Lorenzo
바질리카 디 산 로렌조

● 【산 로렌초 성당】

Palazzo Medici-Riccardi
팔라쪼 메디치-리까르디

● 【메디치 가문 궁전】

Galleria Palatina
갈레리아 팔라티나
● 【팔라티나 미술관】

Piazza della Signoria
피아짜 델라 씨뇨리아

● 【시뇨리아 광장】

Piazza Michelangelo
피아짜 미껠란젤로

● 【미켈란젤로 광장】

Via dei Cerchi
비아 데이 체르끼

● 【체르키 거리】

Via di Ariento
비아 디 아리엔토

● 【아리엔토 거리】

Mercato Centrale
메르카토 첸트랄레

● 【중앙 시장】

Giardino di Boboli
쟈르디노 디 보볼리

● 【보볼리 정원】

Cappelle Medicee
카뻴레 메디체

● 【메디치 예배당】

Via de' Tornabuoni
비아 데토르나부오니

● 【토르나부오니 거리】

Chiesa di Santa Croce
끼에자 디 산타 크로체

● 【산타 크로체 성당】

밀라노입니다.

Duomo
두오모

● 【두오모 성당】

Galleria Vittorio Emanuele II
갈레리아 비또리오 에마누엘레 두에
● 【비토리오 에마누엘레 2세 갤러리아】

Teatro alla Scala
테아트로 알라 스칼라

● 【스칼라 극장】

LOOK

[_____]에 가고 싶습니다.

Vorrei andare a [_____].

보레이 안다레 아 [_____].

I'd like to go to [_____].

이어서 밀라노 입니다.

Via Montenapoleone
비아 몬테나폴레오네

● 【몬테나폴레오네 거리】

Pinacoteca di Brera
피나코테카 디 브레라

● 【브레라 미술관】

Castello Sforzesco
카스텔로 스포르쩨스코

● 【스포르체스코 성】

Chiesa di Santa Maria delle Grazie
끼에자 디 산타 마리아 델레 그라찌에

● 【산타 마리아 델레 그라치에 성당】

Bookstore Skira Triennale
북스토레 스키라 트리엔날레

● 【스키라 트리엔날레 서점】

베네치아 입니다.

Piazza San Marco
피아짜 산 마르코

● 【산 마르코 광장】

Basilica di San Marco
바질리카 디 산 마르코

● 【산 마르코 성당】

Ponte di Rialto
폰테 디 리알토

● 【리알토 다리】

Palazzo Ducale
팔라쪼 두칼레

● 【두칼레 궁전】

Ca' d'Oro
카도로

● 【카도로】

Basilica di Santa Maria della Salute
바질리카 디 산타 마리아 델라 쌀루테

● 【산타마리아 델라살루테 성당】

Chiesa di San Giorgio Maggiore
끼에자 디 산 죠르죠 마쬬레

● 【산 조르조 마조레 성당】

Ponte dei Sospiere
폰테 데이 소스피에레

● 【소스피에레 다리】

Basilica di Santa Maria Gloriosa dei Frari
바질리카 디 산타 마리아 글로리오사 데이 프라리

● 【산타 마리아 글로리오사 데이 프라리 성당】

Murano
무라노

● 【무라노】

Teatro La Fenice
테아트로 라 페니체

● 【페니체 극장】

Torre dell' Orologio
토레 델 롤로죠

● 【시계탑】

Mercerie
메르체리에

● 【잡화점】

Rialto Mercato
리알토 메르카토

● 【리알토 상점】

Gallerie dell'accademia
갈레리에 델라까데미아

● 【아카데미아 미술관】

산책
passeggiata
파쎄쟈타

albergo
알베르고

● 【호텔】

stazione
스타찌오네

● 【역】

banca
반카

● 【은행】

bancomat
반코마트

● 【ATM】

banconota
반코
노타

● 【지폐】

moneta
모네타

● 【동전】

ufficio di cambio
우피쵸 디 깜비오

● 【환전소】

bagno
반뇨

● 【화장실】

telefono pubblico
텔레포노 푸블리코

● 【공중전화】

negozio di convinienza
네고찌오 디 콘비니엔짜
● 【편의점】

centro commerciale
첸트로 콤메르챨레
● 【쇼핑몰】

negozio di liquori
네고찌오 디 리꾸오리
● 【주점】

cinema
치네마
● 【영화관】

ristorante
리스토란테

● 【레스토랑】

caffè
카페

● 【카페】

bar
바
● 【바】

rosticceria
로스티체리아

● 【식당】

emporio
엠포리오

● 【시장】

farmacia
파르마챠

● 【약국】

antiquario
안티꽈리오

● 【골동품점】

libreria
리브레리아
● 【서점】

negozio di dischi
네고찌오 디 디스끼

● 【레코드 상점】

fiorista
피오리스타

● 【꽃집】

boutique
보우티꿰

● 【부티크】

biblioteca
비블리오테카

● 【도서관】

이탈리아의 세계 문화유산을 찾아서

'영원의 도시' 로마의 고대 유적을 시작으로 화려한 르네상스 건축물, 웅장한 자연 유산 등을 가진 이탈리아의 문화유산을 느껴 보세요

A 로마 역사 지구, 교황령과 성 바오로 대성당

로마의 인기 관광지인 '포로 로마노', '판테온', '콜로세움' 등의 고대 로마의 유적들이 남아 있습니다.

D 레오나르도 다빈치의 '최후의 만찬'이 있는 '산타 마리아 델레 그라치에 성당'과 도미니크회 수도원

전 세계인을 매료시킨 다빈치의 명화를 눈앞에서 볼 수 있는 이곳. 수도원의 식당에 있는 '최후의 만찬'은 무조건 예약제로 운영!

B 바티칸 시국

세계에서 가장 작은 나라로, 국토의 모든 곳이 세계 문화유산으로 등재되어 있습니다. '성 베드로 대성당', '바티칸 미술관', '성 베드로 광장' 등 볼거리가 한가득!

C 피렌체 역사 지구

두오모 성당(산타 마리아 델 피오레 대성당) 부근의 벽돌 지붕의 길거리는 피렌체의 필수 관광지. 세계 굴지의 미술 도시로 정평이 나 있습니다.

E 나폴리 역사 지구

그리스의 식민 도시, 네아폴리스가 지은 곳으로 나폴리의 역사적인 장소입니다. 다양한 양식의 성과 왕궁을 볼 수 있습니다.

볼거리가 많기 때문에 동선을 잘 고려해 계획을 짜세요!

이탈리아의 세계문화유산에 대해서

이탈리아는 세계문화유산에 등재되어 있는 유적의 수가 문화 유적 48건, 자연 유산이 5건으로 세계에서 가장 많다(2017년 기준).

F 피사의 두오모 광장

중세의 분위기가 남아 있는 피사. 그 피사의 심벌인 사탑, 대성당, 세례당, 묘지 등 4곳이 조화롭게 구성되어 있습니다.

I 아말피 해안

이탈리아 최고의 해운 공화국의 번성을 지금도 느낄 수 있는 해안 관광지. 험준한 해안 절벽이 이어진 지형과 건축물의 경관은 말 그대로 'The 지중해'입니다.

G 알베로벨로 트룰리

하얀 벽과 원추형의 지붕을 가진 귀여운 트룰리. 이탈리아어로 '방 하나, 지붕 하나'를 의미하는 트룰로의 복수형에서 따온 이름이 트룰리입니다.

J 아그리젠토 유적지

아그리젠토는 기원전 580년에 고대 그리스인에 의해 건조된 '인간이 지은 최고의 아름다운 도시'라고 칭하는 곳입니다. 20여개의 신전이 세계 문화유산으로 지정되어 있습니다.

H 폼페이 에르콜라노 그리고 토레 안눈치아타

약 1,900년전 베수비오 화산에 의해 재로 변해버린 도시 폼페이. 현존하는 유적을 통해 당시의 번영했던 모습을 지금도 느낄 수 있습니다.

K 베네치아와 그 운하

아드리아해의 118개의 섬에 만들어진 수상 도시. 베네치아에 오면 꼭 경험하고 싶은 것이 곤돌라를 타고 즐기는 수상 산책입니다.

조금 사치를 부려 고급 레스토랑에 가 볼까요?

풍요로운 식문화를 가진 이탈리아. 모처럼의 여행에 화려하게
세련된 맛과 분위기를 느끼러 나가 봅시다.

예약할 때에 쓰는
회화 표현은 p.102
도 참고해 주세요.

먼저 예약해 봅시다

**오늘 저녁 식사를
예약하고 싶습니다.**

Vorrei prenotare la cena stasera.
보레이　프레노타레　라 체나　스타세라
I'd like to make a reservation for tonight.

**죄송하지만 그 시간에
남는 테이블이 없습니다.**

Mi dispiace, per quell'ora non abbiamo tavoli liberi.
미 디스피아체 페르 퀠로라　논　아삐아모　타볼리 리베리
I'm sorry. We have no open tables at that time.

**알겠습니다. 한 테이블
예약해 드리겠습니다.**

Bene, le prepariamo un tavolo.
베네　레 프레파리아모　운　타볼로
We'll have a table ready for you then.

**7시에 2명
예약하고 싶습니다.**

Vorrei prenotare per 2 persone alle 7.
보레이　프레노타레　페르 두에 페르소네 알레 쎄떼
I'd like to reserve a table for two at seven o'clock.
참고 P.150
참고 P.152

금연 구역입니다.

Nella sezione non fumatori, per favore.
넬라　세찌오네　논　푸마토리　페르 파보레
Non-smoking section, please.

원포인트 드레스 코드에 대해

레스토랑에 따라 드레스 코드가 정해진 곳이 있으므로, 예약 시에 확인하세요. 드레스 코드가 없는 곳이라
면 기본적으로 자유롭게 입고 가도 좋지만, 분위기에 따라 복장을 고르는 것이 좋습니다. 점잖아 보이는 옷
차림을 확인하고 준비해 봅시다.

Smart Casual
캐주얼한 옷차림
평범한 레스토랑 등

가벼운 분위기
의 평범한 옷차
림도 OK! 청바
지는 입지 않는
편이 훨씬 보기
좋습니다.

Elegant
격식 있는 옷차림
고급 레스토랑 등

남성…
자켓+넥타이

여성…
자켓+원피스에
액세서리 등으
로 드레스업

몇 시에 예약할 수
있을까요?

A che ora posso prenotare?
아 께 오라 포쏘 프레노타레?
For what time can we reserve a table?

드레스 코드가
있나요?

Avete delle regole per l'abbigliamento?
아베떼 델레 레골레 페르 라삘리아멘토?
Do you have a dress code?

> 레스토랑에서 해야 할 행동들

Scene **1**

입구에서 이름을 말하고
안내에 따라 자리로 갑니다.

좋은 저녁입니다. 제 이름은
김미나입니다. 예약했는데요.
**Buonasera. Mi chiamo
Mina Kim, ho prenotato.**
부오나쎄라 미 끼아모
미나 김 오 프레노타토

Scene **2**

주문은 자신의 테이블
담당자에게

저기요, 주문할게요.
**Scusi,
vorrei ordinare.**
스쿠지
보레이 오르디나레

Scene **3**

식사 중에는 소리를
내지 않도록 주의

죄송합니다.
Scusi.
스쿠지

Scene **4**

떨어뜨린 물건은
본인이 직접 줍지 않습니다.

죄송하지만 숟가락을
교체할 수 있을까요?
**Scusi, mi può cambiare
il cucchiaio, per favore?**
스쿠지 미 푸오 캄비아레
일 쿠끼아이오 페르 파보레?

Scene **5**

식사 중에 자리를 뜰 경우

화장실은 어디입니까?
Dov'è il bagno?
도베 일 반뇨?

Scene **6**

식사 중에 흡연은
가급적 삼가기

흡연할 수 있는 구역이 있나요?
**C'è un posto dove
posso fumare?**
체 운 포스토 도베
포쏘 푸마레?

이탈리아에서 맛있는 식사를 해 볼까요?

이탈리아 사람들이 가장 좋아하는 이탈리아 요리를
맛의 본고장에서 마음껏 먹어 보자구요.

> 풀 코스를 즐기는 고급 레스토랑은
> **리스토란테 (Ristorante)**,
> 가벼운 분위기의 가게는
> **트라토리아 (Trattoria)**, 보다 서민적인
> 식당을 **오스테리아 (Osteria)** 라고 합니다.

식당에 들어설 때

좌석이 있나요?	**Avete una tavola?** 아베떼 우나 타볼라? Do you have a table?
죄송하지만, 오늘 저녁은 만석입니다.	**Mi dispiace. Stasera siamo quasi al completo.** 미 디스피아체 스타세라 씨아모 꽈지 알 꼼플레토 I'm sorry. All the tables are occupied tonight.
얼마나 기다려야 할까요?	**Quanto dobbiamo aspettare?** 꽌또 도삐아모 아스페타레? How long do we have to wait?
30분이요.	Trenta **minuti.** 트렌타 미누티 About thirty minutes. 참고 P.150
알겠습니다, 기다릴게요. / 다시 올게요.	**Va bene, aspettiamo. / Torniamo più tardi.** 바 베네 아스페띠아모 / 토르니아모 퓨 타르디 All right. We'll wait. / We'll come back again.
메뉴와 와인 리스트를 볼 수 있을까요?	**Posso vedere il menù e la lista dei vini, per favore?** 포쏘 베데레 일 메누 에 라 리스타 데이 비니 페르 파보레? Can I see the menu and the wine list?
제게 어떤 걸 추천해 주시겠어요?	**Che cosa mi consiglia?** 께 꼬자 미 콘실리아? What do you recommend?

> 주문할 수 있을까요?
> Posso ordinare?
> 포쏘 오르디나레?

현지 음식이 있나요?	**Avete i piatti locali?** 아베떼 이 피아띠 로칼리? Do you have any local food?
카프레제 하나와 카포나타 하나 주세요.	**Vorrei una** caprese **e una** caponata **, per favore.** 보레이 우나 카프레제 에 우나 카포나타 페르 파보레 I'd like caprese and caponata. 참고 P.44
이 요리를 나누어 먹어요.	**Dividiamo questo piatto.** 디비디아모 꿰스또 피아또 We'll share this dish.

혹시 주문을 취소할 수 있나요?	**Scusi, posso cancellare l'ordine?**
	스쿠지 포쏘 칸첼라레 로르디네?
	Can I cancel my order?

혹시 주문을 변경할 수 있나요?	**Scusi, posso cambiare l'ordine?**
	스쿠지 포쏘 캄비아레 로르디네?
	Can you change my order, please?

잘 먹겠습니다!
Buon appetito!
부온 아페티토!

식사 중에

이것을 먹는 방법을 알려 주시겠어요?	**Come si mangia questo?**
	꼬메 씨 만쟈 꿰스또?
	Could you tell me how to eat this?

죄송하지만 포크가 없어요.	**Scusi, non c'è la forchetta.**
	스쿠지 논 체 라 포르께따
	Excuse me, I didn't get a fork.

제가 숟가락을 떨어뜨렸어요.	**Mi è caduto il cucchiaio.**
	미 에 카두토 일 꾸끼아이오
	I dropped my spoon.

탄산 없는 물 좀 부탁드립니다.	**Acqua minerale non gassata, per favore.**
	아꾸아 미네랄레 논 가싸타 페르 파보레
	Mineral water without gas, please.

이 요리는 덜 구워진 것 같아요.	**Questo cibo non è cotto.**
	꿰스또 치보 논 에 코또
	This dish is rather raw.

유리잔이 약간 더럽네요. 바꿔 주실 수 있나요?	**Il bicchiere è un po' sporco. Me lo può cambiare, per favore?**
	일 비끼에레 에 운 뽀 스포르코 메 로 푸오 캄비아레 페르 파보레?
	My glass is dirty. I'd like another one.

테이블을 치워 주실 수 있나요?	**Mi può sistemare la tavola, per favore?**
	미 푸오 시스테마레 라 타볼라 페르 파보레?
	Can you clear the table?

제가 와인을 엎질렀어요.	**Mi è caduto il vino.**
	미 에 카두토 일 비노
	I spilled my wine.

여기를 닦아 주실 수 있나요?	**Può pullire qua, per favore?**
	푸오 풀리레 꽈 페르 파보레?
	Could you wipe here, please?

이탈리아에서 맛있는 식사를 해 볼까요?

디저트를 맛보고 싶다면

디저트 메뉴가 있나요?	**Avete il menù dei dolci?** 아베떼 일 메누 데이 돌치? Do you have a dessert menu?
어떤 디저트를 추천해 주시겠어요?	**Quale dolce mi consiglia?** 꽐레 돌체 미 콘실리아? Which dessert do you recommend?
배로 만든 파이 하나 주세요.	**Vorrei una torta di pere.** 보레이 우나 토르타 디 페레 The pear tarte, please.
아직 다 먹지 않았어요.	**Non ho ancora finito di mangiare.** 논 오 안코라 피니토 디 만쟈레 I've not finished yet.
커피 한 잔 더 부탁드립니다.	**Vorrei un altro caffè, per favore?** 보레이 운 알트로 카페 페르 파보레? Could I have another cup of coffee, please?

계산할 때

계산이요.	**Il conto, per favore.** 일 콘토 페르 파보레 Check, please.
정말 잘 먹었습니다. 감사합니다.	**Sono stato molto bene. Grazie.** 쏘노 스타토 몰또 베네 그라찌에 I really enjoyed my stay. Thank you.
총 얼마입니까?	**Quanto costa in tutto?** 꽌또 코스타 인 뚜또? How much is the total?
이것은 무엇의 가격입니까?	**Questa cifra a cosa si riferisce?** 꿰스따 치프라 아 꼬자 씨 리페리셰? What's this charge for?

모두 정말 맛있었습니다, 감사합니다.
Era tutto molto buono, grazie.
에라 뚜또 몰또 부오노, 그라찌에.

계산에 문제가 있는 것 같습니다.

Penso che ci sia un errore nel conto.
펜소 께 치 씨아 운 에로레 넬 콘토
I think the check is incorrect.

저는 샐러드를 주문하지 않았습니다.

Non ho ordinato l'insalata.
논 오 오르디나토 린살라타
I didn't order a salad.

계산을 다시 확인해 주시겠어요?

Può fare il conto di nuovo, per favore?
푸오 파레 일콘토 디 누오보 페르 파보레?
Could you check it again?

(호텔에서)방 계산에 포함시켜 주세요.

Vorrei pagare nel conto della camera.
보레이 파가레 넬 콘토 델라 카메라
Will you charge it to my room, please?

신용 카드로 지불해도 됩니까?

Posso pagare con la carta di credito?
포쏘 파가레 꼰 라 카르타 디 크레디토?
Do you accept credit cards?

현금으로 낼게요.

Pago in contanti.
파고 인 콘탄티
I'd like to pay by cash.

한마디 문장 표현

이것은 정말 맛있습니다.
Questo è molto buono.
꿰스토 에 몰또 부오노

모두 맛있었습니다, 감사합니다.
È tutto buonissimo, grazie.
에 뚜또 부오니씨모 그라찌에

배불러요.
Sono piena.
쏘노 피에나

남은 음식을 가져갈 수 있을까요?
Posso portare via i cibi rimasti?
포쏘 포르타레 비아 이 치비 리마스티?

아주 맛있게 먹었습니다.
Era delizioso.
에라 델리찌오조

이것을 치워 주세요.
Può portare via, per favore.
푸오 포르타레 비아 페르 파보레

영수증 주세요.
La ricevuta, per favore.
라 리체부타 페르 파보레

43

LOOK

＼ 메인 메뉴 전에
＼ 먹는 요리는 여기에!

	부탁합니다.
	, per favore.
	페르 파보레.
	, please.

애피타이저
antipasto
안티파스토

grissini
그리씨니

건조시킨 얇고
긴 막대 모양의
빵. 식전에 와인
과 함께 먹는다.

● 【막대빵】

---

insalata
인살라타

● 【샐러드】

antipasto misto
안티파스토 미스토

● 【혼합 애피타이저】

acciuga marinata
아츄가 마리나타

● 【정어리로 만든 음식】

bruschetta
브루스께따

이탈리아 토
스트. 야채 등
을 올려서 먹
기도 한다.

● 【브루스케타】

---

verdura
fritta
베르두라
프리따

● 【채소 튀김】

salmone affumicato
살모네   아푸미카토

● 【훈제 연어】

prosciutto
프로슈또

● 【햄】

carpaccio
카르파쵸

생고기나 생선
을 얇게 썰어,
소스나 치즈
위에 올려서 먹
는다.

● 【생고기 요리】

---

caprese
카프레제

모차렐라 치
즈와 토마토
를 나열해 그
위에 올리브
오일을 뿌린다.

● 【카프레제】

ostrica
오스트리카

● 【굴】

zuppa
주빠

● 【수프】

첫 번째 음식
primo piatto
프리모   피아또

---

risotto alla milanese
리조또 알라 밀라네제

콩소메를 푹
끓여, 사프란
으로 황금색
색깔을 낸 리
조또

● 【밀라노식 리소토】

risotto alla pescatora
리조또 알라 페스카토라

● 【해산물 리소토】

pizza
피짜

● 【피자】

spaghetti alla bolognese
스파게띠 알라 볼로녜제

미트 소스를
뜻하는 볼로
냐는 다양한
요리에 활용
된다.

● 【볼로냐 스파게티】

---

spaghetti alle vongole
스파게띠 알레 본골레

● 【봉골레 파스타】

spaghetti al pomodoro
스파게띠 알 포모도로

포모도로는 이
탈리어로 토마
토를 뜻한다.
토마토 소스로
만든 파스타

● 【토마토 스파게티】

spaghetti alla carrettiera
스파게띠 알라 카레띠에라

마늘과 매운
맛을 가미한
토마토 소스로
만든 파스타

● 【카레띠에라 스파게티】

spaghetti al nero di seppia
스파게띠 알 네로 디 세삐아

● 【오징어 먹물 파스타】

pasta alla carbonara
파스타 알라 카르보나라

● 【까르보나라 파스타】

rigatoni alla matriciana
리가토니 알라 마트리챠나

알라 마트리챠
나라는 훈제
돼지고기와 토
마토로 만든
소스이다.

● 【리가토니 파스타】

tagliolini alla pescatora
탈리올리니 알라 페스카토라

페스카토라는
조개와 새우 등
해산물로 만든
요리를 가리킨
다.

● 【달걀로 만든 해산물 파스타】

tagliatelle ai funghi porcini
탈리아텔레 아이 푼기 포르치니

포르치니 버섯은
이탈리아 가을의
명물로 농후한
향으로 인기있
다.

● 【돼지고기와 버섯을 곁들인 파스타】

ravioli burro e salvia
라비올리 부로 에 살비아

버터와 살비
아 소스로 만
든 라비올리

● 【세이지 버터로 맛을 낸 파스타】

gnocchetti al ragù di pesce
뇨께띠 알 라구 디 페셰

감자를 으깨
서 만든 파스
타에 생선 소
스를 더해 만
든다.

● 【해산물 미트 소스 파스타】

lasagne
라쟈녜

● 【라자냐】

cannelloni
칸넬로니

평평한 파스
타에 미트 소
스와 치즈를
넣어서 말아
서 구운 것

● 【카넬로니】

두 번째 음식
secondo piatto
세콘도   피아또

saltimbocca
살팀보까

송아지 고기
를 얇게 썬
생햄과 살비
아 잎을 얹은
소테

● 【소고기와 햄을 넣은 로마 요리】

ossobuco
오쏘부코

송아지의 다
리 살을 뼈째
로 끓인 요리.
'구멍이 열린
뼈'라는 의미

● 【소고기 화이트 와인 찜요리】

bistecca
비스테까

● 【소고기 스테이크】

cotoletta alla milanese
코톨레따 알라 밀라네제

● 【버터에 튀긴 밀라노식 소고기 요리】

coda alla vaccinara
꼬다 알라 바치나라

● 【소 꼬리 스튜】

porcini alla griglia
뽀르치니 알라 그릴리아

● 【그릴에 구운 돼지고기 요리】

trippa
트리빠

곱창을
끓인 것

● 【양고기와 채소를 구운 요리】

bistecca alla fiorentina
비스테까 알라 피오렌티나

● 【토스카나식 스테이크】

pollo alla cacciatora
폴로 알라 카챠토라

● 【레드 와인으로 구운 고기 요리】

scampi al pomodoro
스캄피 알 포모도로

● 【토마토소스 새우 요리】

frittura di pesce
프리뚜라 디 페셰

● 【생선 튀김】

caponata
카포나타

토마토, 가지, 애
호박, 양파 등을
끓인 요리

● 【카포나타】

두 번째 요리를
위한 야채 요리
contorno
콘토르노

carciofo
카르쵸포

아티초크를
서양 파슬리
와 민트로 찐
요리

● 【아티초크】

verdura alla griglia
베르두라 알라 그릴리아

● 【구운 채소 요리】

부탁합니다. LOOK

, per favore.
페르 파보레.

, please.

현지 음식
cucina locale
쿠치나 로칼레

---

involtini
인볼티니

말았다는 의미의 시칠리아 요리. 야채로 고기나 생선을 만다.

● 【고기나 채소를 감은 요리】

---

ribollita
리볼리타

빵과 야채를 푹 끓여, 콩을 올린다. 피렌체의 가정 요리.

● 【콩 볶음】

panelle
파넬레

병아리콩 가루를 뜨거운 물로 반죽해 기름에 튀긴다. 아랍계 시칠리아 요리.

● 【병아리콩으로 만든 제과류】

insalata di granseola
인살라타 디 그란세올라

● 【게 샐러드】

abbacchio alla scottadito
아빠끼오 알라 스코따디토

송아지 고기 그릴 요리. 로마의 유명 요리.

● 【구운 양고기】

---

linguine al cartoccio
린귀네 알 카르토쵸

종이로 싸서 구워낸 어패류를 사용한 나폴리의 파스타 요리.

● 【오븐에 구운 파스타】

샌드위치
panino
파니노

---

carpaccio
카르파쵸

로스트 비프, 루꼴라, 치즈가 들어간 파니니

● 【카르파초】

boliva
볼리바

토마토, 바질, 팔미토, 모차렐라의 심플한 조합으로 되어있는 요리.

● 【볼리바】

---

giusto
쥬스토

스모크 햄, 치즈, 안초비에 머스터드 소스가 들어 있는 요리

● 【쥬스토】

tartufo
타르투포

짜릿하게 매운 핫소스. 파르마 햄, 치즈와 잘 맞는다.

● 【타르투포】

garibaldino
가리발디노

훈제 스파이스 비프와 모차렐라, 토마토가 들어간 파니니

● 【가리발디노】

lardo
라르도

소금에 절인 라드를 끼워 넣어 볼륨감을 준 파니니

● 【라르도】

치즈
formaggio
포르마쬬

---

parmigiano reggiano
파르미쟈노 레쨔노

이른바 파르메산 치즈. 파르마 지역의 명물로 딱딱한 타입이다.

● 【에밀리아 지역 치즈】

gorgonzola
고르곤졸라

푸른 곰팡이 치즈 산야가 있는 타입과 톡 쏘는 맛이 있는 타입이다.

● 【고르곤졸라】

mozzarella
모짜렐라

물소의 젖을 사용한 프레시한 타입의 치즈. 담백한 맛이다.

● 【모차렐라】

---

taleggio
탈레쬬

탈레지오 계곡에서 나오는 워시 타입의 치즈. 마일드하고 약간 달다.

● 【탈레지오 치즈】

mascarpone
마스카르포네

산미가 그다지 없고 순한 크림 타입의 치즈이다.

● 【크림 치즈】

pecorino romano
페코리노 로마노

양젖으로 만든 짠맛이 강한 하드 타입. 파스타 소스 등에 쓰인다.

● 【페코리노 치즈】

pizzino
피찌노

피치노 지역에서 나오는 크리미한 워시 타입의 치즈이다.

● 【피치노 치즈】

음료
bevanda
베반다

vino rosso
비노 로쏘
● 【레드 와인】

vino bianco
비노 비안코
● 【화이트 와인】

spumante
스푸만테
● 【샴페인】

grappa
그라빠
와인용으로 짜낸 포도의 찌꺼기에서 틀어진 쓴맛의 증류주
● 【이탈리아 전통 술】

birra
비라
● 【맥주】

cocktail
코크타일
● 【칵테일】

succo d'arancia
수꼬 다란챠
● 【오렌지 주스】

acqua minerale non gassata
아꾸아 미네랄레 논 가싸타
● 【미네랄 워터(탄산 없음)】

acqua minerale gassata
아꾸아 미네랄레 가싸타
● 【탄산수】

coca-cola
코카콜라
● 【콜라】

재료
materia
마테리아

vitello
비텔로
● 【소고기】

pollo
폴로
● 【닭고기】

maiale
마이알레
● 【돼지고기】

tacchino
타끼노
● 【칠면조 고기】

pecora
페코라
● 【양고기】

agnello
아녤로
● 【어린 양고기】

polpo
폴포
● 【낙지】

gambero
감베로
● 【새우】

seppia
세삐아
● 【오징어】

salmone
살모네
● 【연어】

acciuga
아츄가
● 【멸치류】

cozze
코쩨
● 【홍합】

granchio
그란끼오
● 【게】

vongole
본골레
● 【조개】

patata
파타타
● 【감자】

carota
카로타
● 【당근】

peperone
페페로네
● 【피망】

cipolla
치폴라
● 【양파】

pomodoro
포모도로
● 【토마토】

cavolo
카볼로
● 【양배추】

carciofo
카르쵸포
● 【아티초크】

riso
리조
● 【쌀】

zucchine
주끼네
● 【호박】

basilico
바질리코
● 【바질】

lenticchie
렌티끼에
● 【렌틸콩】

rucola
루콜라
● 【루콜라】

limone
리모네
● 【레몬】

prezzemolo
프레쩨몰로
● 【파슬리】

bottarga
보따르가
● 【생선 알】

oliva
올리바
● 【올리브】

LOOK

┌─────────┐ 부탁합니다.
└─────────┘

┌─────────┐ **, per favore.**
└─────────┘ 페르 파보레.

┌─────────┐ , please.
└─────────┘

디저트
dolce
돌체
참고 P.60

torta
토르타

● 【케이크】

---

crostata
크로스타타

● 【파이】

cioccolato
초꼴라토

● 【초콜릿】

biscotti
비스코띠

● 【비스킷】

marrone candito
마로네 칸디토

● 【흑설탕 캔디】

---

biscotti con crema
비스코띠 꼰 크레마

● 【크림 비스킷】

torta di frutta
토르타 디 프루따

● 【과일 케이크】

파스타 종류
tipo di pasta
티포 디 파스타

spaghettei
스파게떼이

● 【스파게티 면】

---

conchiglie
콘낄리에

● 【조개 모양 파스타 면】

spaccatelle
스파까텔레

● 【쪼개진 모양 파스타 면】

ruota
루오타

● 【바퀴 모양 파스타 면】

farfalle
파르팔레

● 【리본 모양 파스타 면】

---

rigatoni
리가토니

● 【관 모양 파스타 면】

penne
펜네

● 【짧고 구멍이있는 파스타 면】

fusilli
푸질리

● 【톰니 모양 파스타 면】

pipe
피페

● 【속이 텅 비고 구부러진
파스타 면】

**주문이
서투를 때는**

제게 추천해 주시겠어요?

Cosa mi consiglia?
꼬자 미 콘실리아?
What do you recommend?

48

tagliatelle
탈리아텔레

● 【국수 파스타 면】

orecchiette
오레끼에떼

● 【귀 모양 파스타 면】

**요리법
culinaria
쿠리나리아**

al forno
알 포르노
● 【오븐으로 구운】

in umido
인 우미도
● 【조림】

alla brace
알라 브라체
● 【숯불 구이】

arrosto
아로스토
● 【직화 구이】

lesso
레쏘
● 【삶은】

ben cotto
벤 코또
● 【잘 익은】

fritto
프리또
● 【튀김】

grigliato
그릴리아토
● 【그릴에 구운】

al sangue
알 산궤
● 【가볍게 구운】

ghiacciato
기아챠토
● 【얼린】

rosolato
로졸라토
● 【노릇노릇하게 구운】

saltato
살타토
● 【버터를 발라 튀긴】

schiacciato
스끼아챠토
● 【으깬】

aromatizzato
아로마티짜토
● 【향신료를 넣은】

crudo
크루도
● 【날것의】

fresco
프레스코
● 【신선한】

tagliato a fette
탈리아토 아 페떼
● 【토막 썰기】

al vapore
알 바포레
● 【찐】

condito
꼰디토
● 【양념하다】

affumicato
아푸미카토
● 【훈제한】

sotto aceto
소또 아체토
● 【식초에 담근】

dolce
돌체
● 【달달한】

ripieno / farcito
리피에노/파르치토
● 【가득 채우다】

piccante
피깐테
● 【맵다】

sale
쌀레
● 【짜다】

caldo
칼도
● 【따뜻하다】

aspro
아스프로
● 【시큼하다】

**조미료
condimento
콘디멘토**

olio
올리오
● 【기름】

pepe
페페
● 【후추】

freddo
프레도
● 【차갑다】

olio d'oliva
올리오 돌리바
● 【올리브 기름】

mostarda
모스타르다
● 【머스터드】

sale
쌀레
● 【소금】

peperoncino
페페론치노
● 【고추】

aceto
아체토
● 【식초】

maionese
마이오네제
● 【마요네즈】

zucchero
주께로
● 【설탕】

erba aromatica
에르바 아로마티카
● 【허브】

aglio
알리오
● 【마늘】

aceto balsamico
아체토 발사미코
● 【발사믹 소스】

피체리아에서 준비한 맛있는 피자를 느껴 봐요.

파스타와 어깨를 나란히 하는 대표적인 이탈리아 요리.
피체리아에서 본고장의 피자를 패스트푸드 감각으로 가볍게 즐길 수 있어요.

> 피자를 주문해 봅시다

주문할게요.	**Vorrei ordinare.** 보레이　오르디나레 I'd like to order, please.
어떤 피자를 제게 추천해 주시겠어요?	**Quale pizza mi consiglia?** 꽐레　피짜　미 콘실리아? What pizza do you recommend?
마리나라 피자가 있나요?	**Avete la pizza marinara ?** 아베떼 라 피짜　마리나라? Do you have pizza marinara?
마르게리타 피자 하나 주세요.	**Vorrei una　pizza Margherita .** 보레이　우나　피짜　마르게리타 I'd like a pizza Margerita.
한국어로 된 메뉴판이 있나요?	**Avete un menù in coreano?** 아베떼 운　메누　인 꼬레아노? Do you have a Korean menu?
피자 한 조각의 크기 가 어느 정도인가요?	**Quanto è grande una pizza?** 꽌또　에 그란데　우나 피짜? How big is a slice?
가지가 들어간 피자가 있나요?	**Avete la pizza con　melanzane ?** 아베떼 라 피짜 꼰　멜란자네? Do you have a pizza with eggplants?　　참고 P.47
멸치가 들어가지 않은 피자가 있나요?	**Qual'è la pizza senza　acciuge ?** 꽐레　라 피짜　센짜　아츄제? Do you have a pizza without anchovies?　　참고 P.47
채소만 들어간 피자가 있나요?	**Avete pizza con solo verdura?** 아베떼 피짜　꼰　쏠로 베르두라? Do you have a pizza with vegetables?
음료 메뉴를 볼 수 있을까요?	**Posso vedere il menù delle bevande, per favore?** 포쏘　베데레　일 메누　델레　베반데　페르 파보레? Can I see the drink menu?

대표적인 피자들

마르게리타
margherita
마르게리따

토마토 소스, 모차렐라 치즈, 바질을 얹어 이탈리아의 삼색기와 꼭 닮은 색을 가진 최고의 기본 타입 피자

나폴리식 피자
napoletana
나폴레타나

토마토 소스, 모차렐라 치즈, 바질과 안초비를 얹은 간단한 원조 나폴리 정통 피자

카프리초사
capricciosa
카프리쵸사

카프리초사는 '마음 내키는 대로' 라는 의미로 여러 재료를 마음 내키는 대로 토핑한 살아있는 피자

마리나라
marinara
마리나라

토마토 소스, 당근, 오레가노, 안초비만 넣어 만든 간단한 피자. 옛날에는 어부가 이 피자를 도시락 삼아 고기잡이를 떠났다고 한다.

칼초네
calzone
칼쪼네

조개를 피자 생지에 넣어 구운 초승달 모양의 피자. 사진에 나온 피자는 리코타 치즈와 햄을 감싼 것이다.

코사까
cosacca
코사까

토마토 소스, 바질, 페코리노 치즈 분말, 라드(돼지기름)를 추가해 간단하게 맛을 냈다. 그 가게의 요리 실력을 가늠할 수 있다.

알라 루치아나
alla luciana
알라 루챠나

문어, 새우, 홍합 등 어패류를 가득 토핑했다. 신선한 토마토를 사용해 맛 또한 상큼하다.

알라 캄파뇰라
alla campagnola
알라 캄파뇰라

소스를 사용하지 않은 피자. 모차렐라 치즈, 생햄, 루콜라, 파르메산 치즈 등을 얹어 샐러드 느낌으로 먹을 수 있다.

알라 까레띠에라
alla carrettiera
알라 까레띠에라

잘게 썬 소시지, 바질, 쓴 맛이 있는 '프리아리엘리'라고 하는 채소를 토핑한 건강한 맛의 피자

감자와 소시지가 들어간 피자
patate e salsiccia
빠타테 에 살시챠

파타테는 감자, 살시치아는 소시지라는 뜻으로 감자와 소시지의 두툼함이 느껴지는 피자

51

길거리 카페에서 쉬어가기

아침, 점심, 티타임. 이탈리아 사람들이 다양하게 이용하는 카페에서는 술까지 마실 수 있답니다. 이탈리아 현지인처럼 익숙하고 가볍게 카페를 이용해 볼까요?

카페에서

안녕하세요.

Buongiorno.
본죠르노

몇 분이세요?

Quanti siete?
꽌띠 씨에테?

두 명이에요.

Siamo in due.
씨아모 인 두에

안쪽 자리와 테라스 자리 중에 어느 자리를 원하시나요?

Quale posto vuole dentro o in terrazzo?
꽐레 포스토 부올레 덴트로 오 인 테라쬬?

테라스[탁자] 자리를 선호합니다.

Preferisco in terrazzo [al banco].
프레페리스코 인 테라쬬[알 반코]

네, 그렇게 하세요.

Si, prego.
씨 프레고

메뉴판을 주실 수 있을까요?

Posso avere il menù?
포쏘 아베레 일 메누?

음료용인가요, 음식용인가요?

Da bere o mangiare?
다 베레 오 만쟈레?

두 개 다 주세요.

Tutti e due, per favore.
뚜띠 에 두에 페르 파보레

결정하셨나요?

Avete deciso?
아베떼 데치조?

카푸치노 한 잔과 판나코타 한 개 주세요.

중간에...

Un cappucino e una pannacotta, per favore.
운 카푸치노 에 우나 판나코따 페르 파보레

모두 괜찮나요?

Tutto OK?
뚜또 오케이?

전부 맛있어요.

Tutto è stato di mio gradimento.
뚜또 에 스타토 디 미오 그라디멘토

디저트 메뉴판을 주실 수 있을까요?

Posso avere il menù dei dolci, per favore?
포쏘 아베레 일 메누 데이 돌치 페르 파보레?

모두 다 맛있어 보인다.
Tutto mi sembra buono.
뚜또 미 셈브라 부오노.

카페와 바

이탈리아에서는 카페와 같은 느낌으로 이용할 수 있는 '바'가 있습니다. 차이점은 카페가 테이블에 앉아 마시는 곳이라면 바는 서서 마시는 곳이라는 것입니다.

메뉴에 대해 물어 봅시다

세트 메뉴가 있나요?	**Avete il menù fisso?** 아베떼 일 메누 피쏘? Do you have a set meal?
이것은 무엇인가요?	**Che cos'è questo?** 께 꼬제 꿰스또? What is this?
무엇을 추천하시나요?	**Che cosa mi consiglia?** 께 꼬자 미 콘실리아? Which do you recommend?
저도 같은 걸로 주세요.	**Vorrei lo stesso, per favore.** 보레이 로 스테쏘 페르 파보레 The same for me, please.
오늘의 스페셜 메뉴 [디저트]는 무엇인가요?	**Qual'è il piatto[dolce] del giorno?** 꽐레 일 피아또[돌체] 델 죠르노? What is today's special meal[dessert]?
나누고 싶어요.	**Vorrei dividere.** 보레이 디비데레 We'd like to share this.
다른 종류의 커피 한 잔 주세요.	**Vorrei avere un altro caffè, per favore.** 보레이 아베레 운 알트로 카페 페르 파보레 Could I have another cup of coffee, please?

원포인트 카페 이용법

테이블석과 서서 마시는 곳에서는 주문과 계산 방법이 다릅니다. 서서 마시는 경우는 계산대에서 주문을 하면서 결제를 하고, 영수증을 카운터의 바리스타에게 제시하면 주문한 음료를 만들어줍니다. 테이블석의 경우는 자리에 앉으면 웨이터가 주문을 받고, 마지막에 결제를 합니다. 테이블석과 서서 마시는 것에 따라 가격에 차이가 있기 때문에 먼저 결제를 했지만 테이블석에서 마시고 싶은 경우는 점원에게 한 번 더 물어 보세요!

테이블 자리를 원합니다.
Vorrei un tavolo.
보레이 운 타볼로.

을 부탁해요. **LOOK**

_____, per favore.

페르 파보레.

_____, please.

카페 메뉴
menù dei caffè
메뉴 데이 카페

참고 P.60 / 61

caffè
카페

이탈리아에서 카페라고 하면 에스프레소다. 압축추출로 쓴 맛이 강하다.
● 【커피】

---

caffè lungo
카페 룽고
에스프레소에 따뜻한 물을 많이 넣은 것이다.

● 【카페 룽고】

caffè macchiato
카페 마키아토
에스프레소에 거품을 낸 우유를 조금 넣은 것이다.

● 【카페 마키아토】

cappuccino
카푸치노
에스프레소와 거품을 낸 우유를 반반 넣은 것이다.

● 【카푸치노】

marocchino
마로끼노
카푸치노에 코코아파우더를 섞은 것이다.

● 【마로끼노】

---

caffè latte
카페 라떼
에스프레소와 따뜻한 우유를 반반 넣은 것이다.

● 【카페 라테】

latte macchiato
라떼 마끼아토
거품을 낸 우유에 에스프레소를 조금 넣은 것이다.

● 【라떼 마키아토】

caffè con panna
카페 꼰 판나
에스프레소 위에 생크림을 얹은 것이다.

● 【크림이 있는 커피】

cappuccino con cacao
카푸치노 꼰 카카오
카카오파우더를 넣은 카푸치노

● 【코코아가 있는 카푸치노】

---

caffè freddo
카페 프레도
차가운 에스프레소. 아이스커피와 가깝다.

● 【차가운 커피】

cioccolata
쵸꼴라타
핫 초콜릿 알맞은 단맛으로 겨울에 딱이다.

● 【초콜릿 음료】

cioccolato con panna
쵸꼴라토 꼰 판나
초콜라타에 생크림을 얹은 것이다.

● 【크림이 있는 초콜릿 음료】

caffè alla nocciola
카페 알라 노촐라
에스프레소에 설탕을 넣고 헤이즐넛 크림을 넣은 것

● 【헤이즐넛 커피】

---

ciocaffe
쵸카페
글자 그대로 핫 초콜릿에 커피를 넣고 섞은 것

● 【초카페】

panino
파니노
샌드위치. 한국에서 볼 수 있는 '파니니'는 복수형 표현이다.
● 【파니니】

brioche
브리오께
크루아상 모양의 과자 빵

● 【크로아상】

brioche con crema
브리오께 꼰 크레마
커스터드 크림이 들어간 브리오슈.

● 【크림이 있는 크로아상】

새로운 맛을 맛보고 싶다면!

이 가게의 오리지널 커피는 무엇인가요?
Qual'è caffè tipico del negozio?
꽐레 카페 티피코 델 네고찌오?
Which one is the original coffee?

치즈, 올리브 오일을 사러 가 봅시다.

치즈의 종류

리코타 치즈
ricotta
리코타
치즈를 만든 후의 우유를 재가열하여 굳힌 것. 단 맛이 있다.

아시아고 치즈
asiago
아시아고
우유로 만든 치즈. 부드러운 것과 딱딱한 것 두 가지 종류가 있다.

로비올라 치즈
robiola
로비올라
우유, 양젖 등을 섞어 만든다. 산뜻한 것과 딱딱한 것 두 가지 종류가 있다.

카스텔마뇨 치즈
castelmagno
카스텔마뇨
견과류 같은 풍미가 있는 우유로 만든 치즈

참고 P.46

올리브 오일 종류

엑스트라 버진
extra vergine
엑스트라 베르지네
풍미가 훌륭하다. 산도가 0.8%이하로 낮은 최고급 오일

파인 버진
vergine fino
베르지네 피노
산도가 2%이하로 풍미와 향이 좋은 오일

오디너리 버진
vergine corrente
베르지네 코렌테
산도가 3.3%이하로 엑스트라 버진 보다는 못하지만 좋은 풍미가있다.

올리브 오일
olio d'oliva
올리오 돌리바
버진 오일과 정제한 오일을 블렌드한 것

AOP란?
EU를 원산지로 하는 농산물의 보호나 품질 보증을 목적으로 하는 인증 제도. 인증받은 상품에는 AOP마크가 표시되어 있습니다.

도움이 되는 단어장 WORD		생산 지역	**zona produttrice** 조나 프로두뜨리체	가벼운	**leggero** 레쩨로
		신맛	**acidità** 아치디타	크림이 많은	**cremoso** 크레모조
우유	**latte** 라떼	맛이 좋은	**gustoso** 구스토조	소금을 첨가한	**salato** 쌀라토
성분들	**ingredienti** 인그레디엔티	부드러운	**tenero** 테네로	향료	**profumo** 프로푸모

치즈나 올리브 오일을 사 봅시다

200g의 모짜렐라를 주시겠어요?	**Mi può dare** 200 g di mozzarella **, per favore?** 미 뿌오 다레 두에첸토 그람모 디 모짜렐라 페르 파보레? Could I have 200 grams of mozzarella? 참고 P.46 참고 P.150
500ml의 올리브 오일을 주시겠어요?	**Posso avere** 500 ml di olio d'oliva, per favore? 포쏘 아베레 친퀘첸토 밀리리트로 디 올리오 돌리바 페르 파보레? Could I have 500 ml of this olive oil? 참고 P.150
어떤 성분들이 들어 있나요?	**Quali ingredienti ci sono?** 꽐리 인그레디엔티 치 쏘노? What is this made from?

55

마트에서 식재료를 직접 사 볼까요?

동네에 보이는 마트에는 맛있어 보이는 식자재나 음식들이 한가득!
먹어 보고 싶은 음식을 직접 사서 공원으로 피크닉을 가 보는 건 어떨까요?

마트에서 식재료나 음식을 사는 방법
마트에서 식재료나 음식을 살 때는 점원에게 원하는 음식과 양을 말합니다. 양이 적당하다면 "Basta (바스타) ", 부족하다면 "Ancora (안코라)"라고 말해요.
낱개로 파는 피자 같은 음식은 따뜻하게 데워 주는 경우도 있으므로, "Mi può scaldare? (미 푸오 스칼다레?)" 라고 물어보세요.

마트에서 물건 사기

안녕하세요.
Buongiorno.
본죠르노

무엇을 선택하시겠어요?
Che cosa desidera?
께　꼬자　데지데라?

모짜렐라가 들어있는 파니니 하나와 토마토 주세요.
Un panino con mozzarella e pomodoro, per favore.
운 파니노 꼰　모짜렐라 에 포모도로 페르 파보레

그 밖에 또 무엇을 원하시나요?
Che altro vuole?
께　알트로 부올레?

해산물이 들어간 이 샐러드 100g을 주세요.
100g di questa insalata alla pescatora, per favore.
첸토 그람마 디 퀘스타 인살라타 알라 페스카토라 페르 파보레

여기에서 드실 건가요?
Vuole mangiare qua?
부올레　만쟈레　꽈?

테이크아웃 할게요, 감사합니다.
Da portare via, grazie.
다 포르타레 비아 그라찌에

8유로입니다.
Costa 8 euro.
코스타 오또 에우로

감사합니다.
Grazie.
그라찌에

56

LOOK

[_____] 부탁합니다.

[_____], per favore.

[_____] 페르 파보레.

[_____], please.

테이크아웃
portare via
포르타레 비아

pizza
피짜

● 【피자】

panino
파니노

● 【파니노】

involtini
인볼티니
생지로 재료를 만 파니니의 변형판이다.

● 【인볼티니】

crescia sfogliata
크레샤 스폴리아타

● 【접은 크레샤】

focaccia
포카챠
평평하게 늘려서 구운 이탈리아 빵이다.

● 【포카치아】

tramezzino
트라메찌노
얇게 자른 빵에 재료를 끼워넣은 것이다.
● 【샌드위치】

piadina
피아디나
밀가루로 만든 생지를 둥글게 넓혀 구운 것이다.

● 【피아디나】

insalata di verdura alla pescatora
인살라타 디 베르두라 알라 페스카토라
● 【해산물이 들어간 채소 샐러드】

acciuga marinata
아츄가 마리나타
● 【절인 멸치】

pomodoro con pangrattato al forno
포모도로 콘 판그라따토 알 포르노
● 【구운 빵가루를 곁들인 토마토】

pollo arrosto
폴로 아로스토

● 【구운 닭고기】

quiche
뀌께
● 【프랑스식 파이】

torta
토르타
● 【케이크】

zuppa
주빠
● 【수프】

acqua minerale
아꾸아 미네랄레
● 【생수】

원포인트 속재료를 골라봅시다

[_____] 을 넣어 주실 수 있나요?
Può mettere [_____], per favore?
푸오 메떼레 [_____], 페르 파보레?

파니니는 원하는 재료를 말하면 그 자리에서 만들어 주는 가게도 있습니다. 빵과 속 재료를 골라 점원에게 말해 보세요.

살라미
salame
살라메

오믈렛
frittata
프리따타

루콜라
rucola
루콜라

구운 채소
verdura arrosto
베르두라 아로스토

| 그 외 다른 재료는 이렇게 말해요 | 아티초크 **carciofo** 카르쵸포 | 삶은 달걀 **uovo bollito** 우오보 볼리토 | 햄 **prosciutto crudo** 프로슈또 크루도 | 상추 **lattuga** 라뚜가 | 치즈 **formaggio** 포르마쬬 | 버터 **burro** 부로 |

57

달달한 간식은 여행의 또 다른 재미죠.

이탈리아 사람들은 달달한 간식을 아주 좋아합니다. 길거리에는
파스티체리아(제과점)가 즐비해 있습니다.

 파스티체리아에서

 안녕하세요.
Buongiorno.
본죠르노

무엇을 선택하시겠어요?
Che cosa desidera?
께 꼬자 데지데라?

 선물할 만한 것을 추천해 주실 수 있나요?
Può consigliarmi qualcosa di bello come regalo?
푸오 콘실리아르미 꽐꼬자   디 벨로 꼬메 레갈로?

초콜릿 한 꾸러미를 추천해요.
Consiglio un pacco di cioccolato.
콘실리오 운 파꼬 디 쵸꼴라토

 초콜릿 안에 술이 들어 있나요?
C'è liquore nel cioccolato?
체 리꾸오레 넬 쵸꼴라토?

네, 들어 있어요.
Sì, c'è.
씨 체에

 설탕이 빠진 것도 있나요?
Avete qualcosa con meno zucchero?
아베떼 꽐꼬자   꼰 메노 주께로?

비스킷을 원하시나요?
Vuole dei biscotti?
부올레 데이 비스코띠?

 그러면, 비스킷 한 꾸러미 주세요.
Allora, un pacco di biscotti, per favore.
알로라 운 파꼬 디 비스코띠   페르 파보레

15유로입니다.
Costa 15 euro.
코스타 뀐디치 에우로

저는 50유로만 가지고 있어요. 거슬러 주시겠어요?
Ho solo 50 euro. Mi può dare il resto, per favore?
오 쏠로 친꽌따 에우로. 미 푸오 다레 일 레스토   페르 파보레?

여기 있습니다. 35유로에요.
Ecco a Lei. 35euro.
에꼬 아 레이 트렌타 친퀘 에우로

감사합니다.
Grazie.
그라찌에

부탁합니다.
LOOK
, per favore.
페르 파보레.
, please.

달콤한 것
dolce
돌체

cioccolato
쵸꼴라토

● 【초콜릿】

tartufo al cioccolato
타르투포 알 쵸꼴라토

● 【송로 초콜릿】

panforte
판포르테
시에나의 전통 과자. 생지에 과일이나 견과류를 넣어 구운 것이다.
● 【과일 케이크】

brioche
브리오께
아침에 일반적으로 즐기는 빵. 물 대신 우유로 만든다.

● 【크루아상】

bonbon
본본
녹인 설탕으로 견과류 등을 코팅한 과자이다.

● 【봉봉】

biscotto
비스코또

● 【비스킷】

torta con mousse di cioccolato
토르타 꼰 모우쎄 디 쵸꼴라토
● 【초콜릿 무스 케이크】

pralinè
프랄리네
견과류 페이스트가 들어간 캬라멜을 넣어 만든 초콜릿이다.

● 【프랄리네】

tortina
토르티나

● 【작은 케이크】

biscotti al burro
비스코띠 알 부로

● 【버터 비스킷】

torta di frutta
토르타 디 프루따

● 【과일 케이크】

torta di formaggio
토르타 디 포르마쬬
● 【치즈 케이크】

babà
바바
스폰지에 럼주 등을 담가 구운 과자이다.
● 【바바】

torta di nutella
토르타 디 누텔라
누텔라라는 헤이즐넛 페이스트가 들어간 초콜릿 스프레드이다.
● 【누텔라 케이크】

ciambella
챰벨라
● 【도넛】

budino
부디노
● 【푸딩】

caramella
카라멜라
● 【사탕】

gelatina
젤라티나
● 【젤리】

affogato
아포가토
● 【아포가토】

profiterole
프로피테롤레
● 【프로피테롤】

바로 먹고
싶을 때는

여기서 먹을게요.
Mangio qua.
만죠   꽈
I'll eat here.

달달한 간식은 여행의 또 다른 재미죠.

이탈리아의 과자 '돌체'를 소개합니다

panna cotta
판나 코따
↓
판나코타

생크림과 노른자로 만든 푸딩. 젤라틴으로 굳힌 바바루아풍도 있다.

tiramisù
티라미수
↓
티라미수

마스카르포네와 커피를 깊게 스며들게 만든 스폰지 케이크.

macedonia
마체도니아
↓
후르츠 펀치

잘게 자른 과일에 와인이나 홍차를 더해 시럽에 절인 음식.

mille foglie
밀레 폴리에
↓
밀푀유

이탈리아판 밀푀유로 파이 생지 사이에 크림을 발라 몇 번이고 쌓아 올렸다.

zabaione
짜바이오네
↓
자바요네

노른자에 설탕과 마르살라주를 넣어 따뜻하게 하면서 크림을 넣고 차갑게 하여 굳힌 음식

cannolo
칸놀로
↓
칸놀로

원통 모양의 딱딱하게 튀긴 생지에 리코타를 베이스로 한 크림을 넣은 음식

돌체를 사 봅시다

이 케이크 한 조각 주세요.	**Un pezzo di questa torta, per favore.** 운 페쪼 디 퀘스따 토르타 페르 파보레 I'll have one of these cakes.
추천 메뉴가 있나요?	**Che cosa c'è di speciale?** 께 꼬자 체 디 스페찰레? What do you recommend?
마롱글라세 5개 주세요.	5 **marrone canditi**, per favore. 친퀘 마로네 칸디티 페르 파보레 Could I have 5 marron glaces?

참고 P.150   참고 P.59

과일에 대한 단어를 알아 둡시다.

블루베리	mirtillo 미르틸로	사과	mela 멜라	자두	prugna 프루냐	살구	albicocca 알비코까
서양 배	pera 페라	복숭아	pesca 페스카	딸기	fragola 프라골라	레몬	limone 리모네

santa rosa
산타 로자
↓
크림 파이

나폴리의 '산타로사'라고 불리는 수도원에서 최초로 만든 조개 껍데기 모양의 크림 파이

babà
바바
↓
바바

버섯 모양의 스폰지에 리몬 첼로나 라임을 깊게 스며들게 하여 만든 음식

bigne
비녜
↓
슈크림

커스터드나 초코 커스터드를 넣어 만든 것이 일반적이다.

torta di mela
토르타 디 멜라
↓
사과 케이크

가정에서 만드는 경우가 더 많고 '할머니의 케이크'라고도 불린다.

torta di cioccolato
토르타 디 쵸콜라토
↓
초콜릿 케이크

이탈리아의 일반적인 초콜릿 케이크. 구운 케이크와 생케이크 두 종류로 나뉜다.

mousse di cioccolato bianco
모우쎄 디 쵸꼴라토 비안코
↓
화이트 초콜릿 무스

부드러운 맛의 화이트 초콜릿 무스에는 과일소스가 딱 맞는다.

여기서 먹어도 되나요?	**Posso mangiare qua?** 포쏘 만쟈레 꽈? Can I eat here?
선물용으로 가져갈게요, 감사합니다.	**Lo porto via come un regalo, grazie.** 로 포르토 비아 꼬메 운 레갈로 그라찌에 Could you make it a gift?
며칠이나 유지되나요?	**Quanti giorni si mantiene?** 꽌띠 죠르니 씨 만티에네? How long does it keep?

61

좋아하는 맛의 젤라또를 먹고 싶어요.

길거리를 거닐며 먹기에 딱 좋은 젤라또(gelato). 신선한 과일을 사용한 과일맛이나 견과류, 초코 등으로 맛을 낸 크림 종류까지. 어떤 맛을 고를지 늘 망설여진다고 하네요.

딸기
fragola
프라골라

레몬
limone
리모네

초콜릿
cioccolato
쵸꼴라토

자몽
**pompelmo
rosa**
폼펠모 로자

피스타치오
pistacchio
피스타끼오

베리
frutti di bosco
프루띠 디 보스코

우유
latte
라떼

커피
caffè
카페

마롱글라세
marrone candito
마로네 칸디토

도움이 되는 단어장 WORD		럼주	**rum** 룸	서양 배	**pera** 페라
바닐라	**vaniglia** 바닐리아	무화과	**fico** 피코	사과	**mela** 멜라
민트	**menta** 멘타	귤	**mandarino** 만다리노	라즈베리	**lampone** 람뽀네

사이즈별 단어

소	중	대
piccolo	medio	grande
피꼴로	메디오	그란데

복숭아
pesca
페스카

망고와 서양 배
mango e pera
만고   에 페라

싱글은 'solo (쏠로)', 더블은 'doppio (도삐오)', 트리플은 'triplo (트리플로)'입니다. 여러 가지 맛을 고를 때에는 과일맛과 크림 종류가 섞이지 않도록 하는 것이 좋습니다.

젤라또를 주문해 봅시다

콘을 원하시나요 컵을 원하시나요?	**Vuole cono o coppa?** 부올레 코노 오 코빠? Would you like a cone or a cup?
헤이즐넛과 초콜릿을 콘으로 주세요.	**Vorrei un cono alla nocciola e cioccolato.** 보레이 운 코노 알라 노촐라 에 쵸꼴라토 I'll have hazelnuts and chocolate in cone.
이것은 무슨 맛인가요?	**Che gusto è questo?** 께 구스토 에 꿰스또? What flavor is this?
카라멜 소스와 말린 과일을 함께 주실 수 있나요?	**Con salsa caramellata e frutta secca, per favore.** 꼰 살사 카라멜라타 에 프루따 세까 페르 파보레 Could you put caramel sauce and nuts on the top?

원포인트 젤라또 주문하는 법

젤라또 전문점에서는 30가지가 넘는 맛이 준비되어 있어 어떤 맛을 고를지 망설여질 정도입니다. 먼저 컵이나 콘을 정하고 그다음은 사이즈를 고르세요. 사이즈나 가격에 따라 고를 수 있는 맛의 종류 수가 달라집니다. 먹고 싶은 맛을 시식해 볼 수도 있어요. 초코나 견과류 등의 토핑도 별도의 요금만 추가하면 곁들일 수 있어요. 주문 방법은 가게마다 다르기도 하지만 기본적으로 한국과 비슷합니다.

시식할 수 있나요?
Posso assaggiare?
포쏘 아싸쨔레?

시원한 디저트 이모저모

셔벗	sorbetto	소르베또
슬러시	granita	그라니타
셰이크	frullato	프룰라토

카사타
cassata
카싸타
시칠리아 섬에서 만든 과일이 들어간 아이스 케이크. 여러 가지 맛이 난다.

63

와인을 똑똑하게 고르는 방법

이탈리아 내에서 1000가지가 넘는 종류가 제조되고 있는 와인. 맛도 가격도 가지각색이기 때문에, 고르기 어렵다면 점원에게 물어보면서 마음에 드는 와인을 골라 보세요.

와인리스트는 여기를 참고하세요

잔으로 주문할 때의 가격

병으로 주문할 때의 가격

화이트 와인

레드 와인

포도의 종류
포도의 종류에 따라 와인의 맛이 크게 차이가 난다. 마음에 드는 와인을 찾았다면 포도의 종류를 외워 두는 것이 좋다.

● rosso　　bicchiere bottiglia

vino di casa
- Primitivo　Puglia　　€00　€000
- Sangiovese　Emilia-Romagna　€00　€000
- Aglianico　Campagna　€00　€000
- Barbera　Piemonte　€00　€000
- Lacrima　Marche　€00　€000
- Lambrusco　Lombardia　€00　€000
- Nero d'Avola　Sicilia　€00　€000

● bianco　　bicchiere bottiglia

vino di casa
- Garganega　Veneto　€00　€000
- Pinot Grigio　Trentino Alto Adige　€00　€000
- Albana　Emilia-Romagna　€00　€000
- Damaschino　Sicilia　€00　€000
- Grechetto　Toscana　€00　€000
- Pampanuto　Puglia　€00　€000

하우스 와인
그 가게에서 독자적으로 엄선한 와인

고르기 어렵다면 '추천'해 달라고 말해 보세요.

● spumante
- Prosecco　Veneto　€00　€000
- Torbato　Sardegna　€00　€000
- Falanghina　Campagna　€00　€000

로제 와인

● rosato
- Raboso　Veneto　€00　€000
- Nebbiolo　Piemonte　€00　€000

산지
북부 지방의 피에몬테, 중부 지방의 토스카나, 남부 지방의 시칠리아와 캄파나 등이 유명하다.

샴페인 & 스파클링 와인

와인 라벨 읽는 법

포도를 수확한 해

2002

Casaldi Serra

VERDICCHIO
DEI CASTELL DI JESY
DENOMINAZIONE DI ORIGINE CONTROLLATA
CLASSICO SUPERIORE

Umani Ronchi　ITALIA 15.3%vol

750ml

와인 등급

주조소 이름

용량

와인 이름

와인을 주조한 장소 또는 원산지

알코올 도수

이 와인으로 주세요.

Vorrei questo vino, per favore.
보레이 꿰스또 비노 페르 파보레
Can I have this wine?

저에게 어떤 와인을 추천하시나요?

Quale vino mi consiglia?
꽐레 비노 미 콘실리아?
Could you recommend some wine?

달콤한 와인은 무엇인가요?

Qual'è il vino dolce?
꽐레 일 비노 돌체?
Which one is sweet?

지역 와인은 무엇인가요?

Qual'è il vino locale?
꽐레 일 비노 로칼레?
Which one is the local wine?

와인 목록을 볼 수 있을까요?

Posso vedere la lista dei vini?
포쏘 베데레 라 리스타 데이 비니?
Can I see the wine list?

맛볼 수 있을까요?

Vorrei assaggiare.
보레이 아싸쨔레?
Can I taste it?

하우스 레드 와인 한 잔 주세요.

Un bicchiere di vino rosso della casa, per favore.
운 비끼에레 디 비노 로쏘 델라 까자 페르 파보레
Could I have a glass of house red?

반 병이 있나요?

Avete una mezza bottiglia?
아베떼 우나 메짜 보띨리아?
Do you have a half bottle?

이 음식과 잘 어울리는 와인을 저에게 추천해 주실 수 있나요?

Può consigliarmi un vino adatto per questo piatto?
푸오 콘실리아르미 운 비노 아다또 페르 꿰스또 피아또?
Could you recommend a wine that goes with this dish?

도움이 되는 단어장 WORD				
		포도	uva 우바	달콤한	dolce 돌체
		등급	classificazione 클라씨피카찌오네	병	bottiglia 보띨리아
원산지	luogo d'origine 루오고 도리지네	건조한	secco 세꼬	잔	bicchiere 비끼에레
브랜드	marca 마르카	옅은 단맛	abboccato 아뽀까토	라벨	etichetta 에티께따
수확년	anno di vendemmia 안노 디 벤뎀미아	중간 단맛	amabile 아마빌레	코르크	sughero 수게로

65

식도락 천국 이탈리아, 식사 매너를 지키며 즐기는 법

매너라고 해도 그다지 엄격하게 받아들이지 않아도 됩니다.
최소한의 식사 매너를 지키고 풍성한 이탈리아의 식문화를 천천히 느껴 보세요.

드레스코드는

고급 레스토랑(리스토란테)에서는 남자는 재킷+넥타이, 여자는 원피스나 수트로 갖춰 입는 것이 필요합니다. 가게의 분위기에 맞게 몸가짐도 잘 정돈합시다.

주문할 때는

애피타이저에서 메인 요리까지 한 번에 주문합니다(최소한 메인 요리 전 첫 요리까지). 메인 요리를 나중에 정하고 싶을 때에는 웨이터에게 말해 둡니다. 직원들이 주문표를 보고 유기적으로 움직이기 때문에 테이블마다 각각 다르게 주문을 받게 되면 음식을 가지고 오게되는 타이밍이 겹쳐 혼란을 줄 수 있기 때문입니다.

나이프나 포크는

떨어뜨렸을 때는 자신이 줍지 않고 웨이터에게 부탁합니다. 다만, 주워 주는 것을 너무 당연하게 여기는 태도는 금물. 하대하는 느낌을 받아 감정이 상한다는 웨이터들이 꽤나 많다고 해요.

빨리 먹고 싶다고 해서 자리에 마음대로 가서 앉는 행동을 삼가해 주세요.

또 주의해야 할 것은?

① 주문할 때에는?
각 테이블을 담당하는 웨이터를 기다려 주문하세요. 한 사람이 주문을 받기도 하지만 어시스턴트인 두 세 사람이 팀을 이루어 주문을 받는 경우도 있답니다.

② 식사를 할 때는?
파스타나 스프는 절대 후루룩거리며 먹지 않습니다. 스프는 마시는 음식이 아니에요. 또 트림을 하지 않도록 해요. 이런 건 너무 기본적인 에티켓이죠?

로마풍 피자의 도우가 얇은 것은 성격이 급한 로마인들이 피자가 구워지는 시간까지 기다리지 못해서 그렇게 되었다는 설이 있어요.

카푸치노는

한국 사람들은 식사 후에도 카푸치노 같은 커피를 마시는 사람들이 꽤 있는데요. 이탈리아 사람들은 카푸치노를 아침에 마시는 것으로 생각한답니다. 식사 후의 커피는 에스프레소나 아메리카노 한 잔 정도가 괜찮습니다.

비상식적인 행동만 하지 않는다면 괜찮아요.

따로 챙겨온 고추장이나 김치는

한국에서 가져온 김치를 꺼내 놓고 파스타랑 같이 먹거나 이것저것 고추장에 찍어 먹는 행동은 NO! 레스토랑 측에 굉장히 실례되는 행동으로 상식에 벗어나는 행동은 삼가는 편이 좋습니다.

팁은

현지인들도 요즘엔 팁을 잘 주지 않는다고 해요. 서비스 요금이 포함되어 있을 때는 원칙적으로 주지 않는 편이지만 별 탈 없이 식사를 마쳤을 경우엔 조금이라도 팁을 올려두는 것이 좋습니다.

③ 피자를 먹을 때는?

피자는 손으로 집어 먹지 않도록 합시다. 한국에서 먹는 피자는 8조각으로 미리 잘려서 나오지만 실제 이탈리아에서는 그렇지 않습니다. 나이프와 포크를 사용해 직접 잘라 먹습니다. 낱개로 파는 패스트푸드점의 피자는 손으로 먹어도 OK!

④ 담배를 피우고 싶을 때는?

2005년부터 실시되는 금연법에 의거, 레스토랑, 바 등의 공공장소에서는 금연입니다. 야외의 테이블석이나 노상에서 담배를 피는 것은 괜찮습니다.

즐겁게 나만의 패션 스타일을 찾아봅시다.

내가 제일 좋아하는 이 브랜드, 저 브랜드...사실은 모두 이탈리아 제품이라는 것!
여러 옷 가게들을 둘러보며 나에게 딱 맞는 패션 스타일을 찾아볼까요?

먼저 가고 싶은 상점들을 찾아봅시다

백화점이 어디에 있나요?	**Dove c'è un grande magazzino?** 도베 체 운 그란데 마가찌노? Where is the department store? ^{참고 P.69}
걸어서 거기까지 갈 수 있나요?	**Ci si arriva a piedi?** 치 씨 아리바 아 피에디? Can I go there on foot?
그것을 어디에서 살 수 있나요?	**Dove posso comprarlo?** 도베 포쏘 콤프라를로? Where can I buy that?

상점에 대한 정보를 물어봅시다

영업시간을 알 수 있을까요?	**Mi fa sapere l'orario di apertura, per favore?** 미 파 사페레 로라리오 디 아페르투라 페르 파보레? What are the business hours?
휴무일은 언제인가요?	**Quando è la chiusura?** 꽌도 에 라 끼우수라? What day do you close?
매장 안내도가 있나요?	**C'è una piantina del negozio?** 체 우나 피안티나 델 네고찌오? Do you have an information guide?
신발을 사려면 어디로 가야 하나요?	**Dove posso andare per comprare le scarpe?** 도베 포쏘 안다레 페르 콤프라레 레 스카르페? Where should I go to buy shoes? ^{참고 P.75}
에스컬레이터 [엘리베이터]가 어디에 있나요?	**Dov'è la scala mobile[l'ascensore]?** 도베 라 스칼라 모빌레 [라센소레]? Where is the escalator[elevator]?
가방 매장을 찾고 있어요.	**Cerco dove vendono borse.** 체르코 도베 벤도노 보르세 I'm looking for bags. ^{참고 P.75}

68

짐을 맡아 줄 수 있는
곳이 있나요?

C'è un posto dove posso lasciare i miei bagagli?
체 운 포스토 도베 포쏘 라샤레 이 미에이 바갈리?
Where is the cloak room?

한국어를 할 줄 아는
사람이 있나요?

C'è qualcuno che parla coreano?
체 꽐꾸노 께 파를라 꼬레아노?
Is there someone who speaks Korean?

매장에 현금 인출기가
있나요?

C'è distributore denaro in negozio?
체 디스트리부토레 데나로 인 네고찌오?
Do you have an ATM here?

고객 서비스 창구는
어디인가요?

Dov'è lo sportello servizio clienti?
도베 로 스포르텔로 세르비죠 클리엔티?
Where is the customer service?

LOOK

▢ 어디에 있나요?
Dove c'è ▢ ?
도베 체 ▢?
Where is ▢?

grande magazzino
그란데 마가찌노
●【백화점】

negozio selezionato
네고찌오 셀레찌오나토
●【셀렉트 숍】

negozio di confezioni 네고찌오 디 콘페찌오니 ●【양복점】	**negozio di scarpe** 네고찌오 디 스카르페 ●【신발 가게】	**centro commerciale** 첸트로 콤메르찰레 ●【쇼핑몰】	**negozio di cosmetici** 네고찌오 디 코스메티치 ●【화장품 가게】
Prada 프라다 ●【프라다】	**Gianni Versace** 쟌니 베르사체 ●【잔니 베르사체】	**negozio di borse** 네고찌오 디 보르세 ●【가방 가게】	**negozio duty-free** 네고찌오 두티 프레 ●【면세점】
Salvatore Ferragamo 살바토레 페라가모 ●【살바토레 페라가모】	**Gucci** 구치 ●【구찌】	**Giorgio Armani** 죠르지오 아르마니 ●【조르지오 아르마니】	**Max Mara** 막스 마라 ●【막스 마라】
BVLGARI 불가리 ●【불가리】	**Tod's** 토즈 ●【토즈】	**Dolce & Gabbana** 돌체 앤 가바나 ●【돌체 & 가바나】	**miumiu** 미우 미우 ●【미우 미우】
Fendi 펜디 ●【펜디】	**Emilio Pucci** 에밀리오 푸치 ●【에밀리오 푸치】	**Furla** 푸를라 ●【훌라】	**Ermenegildo Zegna** 에르메네릴도 쩨냐 ●【에르메네질도 제나】
Etro 에트로 ●【에트로】	**Bottega Veneta** 보떼가 베네타 ●【보테가 베네타】	**Chanel** 샤넬 ●【샤넬】	**Louis Vuitton** 루이스 뷔똔 ●【루이비통】

※ 샤넬과 루이비통은 프랑스 브랜드입니다.

69

즐겁게 나만의 패션 스타일을 찾아봅시다.

가게 안으로 들어가면

안녕하세요.
Buongiorno.
본죠르노.

무엇을 찾으시나요?	**Cerca qualcosa?** 체르카 꽐꼬자? What are you looking for?
그냥 보고 있어요, 감사합니다.	**Sto solo guardando, grazie.** 스토 쏠로 과르단도 그라찌에 I'm just looking, thank you.
또 올게요.	**Vengo di nuovo.** 벤고 디 누오보 I'll come back later.
실례합니다, 질문 하나 할 수 있을까요?	**Scusi, posso farLe una domanda?** 스쿠지 포쏘 파를레 우나 도만다? Excuse me, can you help me?
이것과 어울리는 신발이 있나요?	**Avete scarpe che si intonano con questo?** 아베떼 스카르페 께 씨 인토나노 꼰 꿰스또? Do you have shoes that go with this?
어머니께 선물할 가디건을 찾아요.	**Cerco un cardigan come regalo per mamma.** 체르코 운 카르디간 꼬메 레갈로 페르 맘마 I'm looking for a cardigan for my mother.
이 잡지에 있는 것과 동일한 블라우스를 보고싶어요	**Vorrei vedere la camicetta uguale a quella della rivista.** 보레이 베데레 라 카미체따 우괄레 아 꿸라 델라 리비스타 I'd like to see the blouse on this magazine.
검은색 자켓과 어울리는 밝은 스커트가 있나요?	**Avete una gonna chiara che ci sta con la giacca nera?** 아베떼 우나 곤나 끼아라 께 치 스타 꼰 라 쟈까 네라? Do you have a skirt in light color that goes with a black jacket?
사무용 정장을 찾아요.	**Cerco un completo per lavoro.** 체르코 운 콤플레토 페르 라보로 I'm looking for a suit for work.

> 가게 안으로 들어갈 때는 반드시 Buongiorno! 라고 힘차게 인사해요. 아무 말도 안 하면 점원들은 손님이 온 지도 모를 거예요.

사고 싶을 때는 이 표현을

실례합니다, 이거로 주세요. / 얼마인가요?
Scusi, questo, per favore. / Quanto costa?
스쿠지 꿰스또 페르 파보레 / 꽌또   코스타?
I'll take this. / How much is it?

친구에게 선물할 스카프를 찾고 있어요.	**Cerco una sciarpa come regalo per un'amica.** 체르코 우나 샤르파 꼬메 레갈로 페르 우나미카 I'm looking for a scarf for my friend.
신상품 카탈로그가 있나요?	**Avete un catalogo dei prodotti nuovi?** 아베떼 운 카타로고 데이 프로도띠 누오비? Do you have a catalog of new items?
가을용 스커트가 있나요?	**Avete gia gonne autunnali?** 아베떼 쟈 곤네 아우툰날리? Do you have a skirt for autumn season?
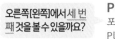 면 스웨터가 있나요?	**C'è un maglione di cotone?** 체 운 말리오네 디 코토네? Do you have cotton sweaters?　　　　　참고 P.75
이것을 보고 싶어요.	**Vorrei vedere questo.** 보레이 베데레 꿰스또 I'd like to see this.
캐주얼한[우아한] 옷을 찾고 있어요.	**Cerco cose casual[eleganti].** 체르코 꼬제 카수알[엘레간티] I'd like something casual[dressy].
오른쪽[왼쪽]에서 세 번째 것을 볼 수 있을까요?	**Posso vedere la terza da destra[sinistra]?** 포쏘 베데레 라 테르짜 다 데스트라[씨니스트라]? Please show me the third one from the right.　참고 P.150
이 브랜드는 뭐라고 불리나요?	**Come si chiama questa marca?** 꼬메 씨 끼아마 꿰스따 마르카? What brand is this?
새로운 것이 있나요?	**C'è qualche novità?** 체 꽐께 노비타? Do you have any new items?
이것과 똑같은 것이 있나요?	**C'è ne uno uguale a questo?** 체 네 우노 우괄레 아 꿰스또? Is there one the same as this?
조금 생각해 볼게요.	**Ci penso un po'.** 치 펜소 운 뽀 I need a little more time to think.
진품인가요?	**È originale?** 에 오리지날레? Is this real?

즐겁게 나만의 패션 스타일을 찾아봅시다.

마음에 드는 물건을 찾아봅시다

이걸로 가져갈게요.	**Prendo questo.** 프렌도 꿰스또 I'll take this.
디자인이 비슷한 것이 있나요?	**Avete qualcosa di simile?** 아베떼 꽐꼬자 디 씨밀레? Do you have one with a similar design?
다른 옷을 입어 봐도 되나요?	**Posso provare un altro vestito?** 포쏘 프로바레 운 알트로 베스티토? Can I try some other clothes?
만져 봐도 되나요?	**Posso toccare?** 포쏘 토까레? Can I pick this up?
이것을 입어 봐도 되나요?	**Posso provarlo?** 포쏘 프로바를로? May I try this on?
거울을 볼 수 있을까요?	**Posso vedermi allo specchio?** 포쏘 베데르미 알로 스페꾜? May I see a mirror?
거울이 어디에 있나요?	**Dov'è lo specchio?** 도베 로 스페꾜? Where is the mirror?
(액세서리 등을)해 봐도 되나요?	**Posso provarlo?** 포쏘 프로바를로? Can I try this on?
제 사이즈는 40이에요.	**La mia taglia è 40.** 라 미아 탈리아 에 꽈란타 My size is 40.

참고 P.150

사이즈의 차이를 잘 알아 둡시다.

여성복

한국	XS	S	M	L	XL	XXL	XXXL
이탈리아	36	38	40	42	44	46	48

신발

한국	225	230	235	240	245	250	255
이탈리아	35	36	37	38	39	40	41

아름다워요!
Che bello!
께 벨로!

딱 맞아요.
È la taglia giusta.
에 라 탈리아 쥬스타.

---

38 사이즈 있나요?

Avete la 38 ?
아베떼 라 트렌토또?
Do you have 38 ?

참고 P.150

저한테 조금 작네요 [크네요].

È un po' piccolo[grande]per me.
에 운 뽀 피꼴로 [그란데] 페르 메
This is a little bit tight[loose].

한 사이즈 큰 [작은] 게 있나요?

Avete la taglia più grande[piccola]?
아베떼 라 탈리아 쀼 그란데 [피꼴라]?
Do you have a bigger[smaller] size?

너무 길어요[짧아요].

È troppo lungo[corto].
에 트로뽀 룽고 [코르토]
This is too long[short].

두꺼운 [얇은] 코트를 원해요.

Vorrei un cappotto pesante[leggero].
보레이 운 카뽀또 페산테 [레쩨로]
I want a thick[thin]coat.

사이즈가 맞지 않아요.

La taglia non è quella giusta.
라 탈리아 논 에 꿸라 쥬스타
It didn't fit me.

죄송합니다, 다음에 또 올게요.

Scusi, torniamo più tardi.
스쿠지 토르니아모 쀼 타르디
I'm sorry. We'll come back again.

다른 것 좀 보고 올게요.

Vado a vedere qualcos'altro.
바도 아 베데레 꽐꼬잘트로
I'll try something else.

유행에 민감한 당신에게 이 표현을

무엇이 인기 있나요?

Qual'è più di successo?
꽐레 쀼 디 수체쏘?
Which one is popular?

즐겁게 나만의 패션 스타일을 찾아봅시다.

점원에게 물어봅시다

사이즈를 조정해 주실 수 있나요?
Può farla aggiustare per la mia misura, per favore?
푸오 파를라 아쮸스타레 페르 라 미아 미수라 페르 파보레?
Can you adjust the size?

(시간이)얼마나 걸리나요?
Quanto tempo ci vuole?
꽌또 템포 치 부올레?
How long does it take?

다른 디자인[색]이 있나요?
C'è un altro disegno[colore]?
체 운 알트로 디세뇨[콜로레]?
Do you have another print [color] ?

<u>**검은색이 있나요?**</u>
Avete nero ?
아베떼 네로?
Do you have a black one?   참고 P.77

다른 색들이 있나요?
Avete altri colori?
아베떼 알트리 콜로리?
Do you have a different color?

이것은 순금[은] 인가요?
Questo è d'oro puro[d'argento]?
꿰스토 에 도로 푸로 [다르젠토]?
Is this pure gold[silver]?

무슨 재료로 만들어졌나요?
Di che materiale è?
디 께 마테리알레 에?
What is this made of?

캐시미어[면] 소재로 된 것이 있나요?
Avete qualcosa di cashmere[cottone]?
아베떼 꽐꼬자 디 카쉬메레 [코또네]?
Do you have something made of cashmere[cotton]?

이것은 워터프루프인가요?
È impermeabilizzato?
에 임페르메아빌리짜토?
Is this waterproof?

도움이 되는 단어장 WORD

		진짜 가죽	vera pelle 베라 펠레	스웨이드	pelle scamosciata 펠레 스카모샤타
		실크	seta 세타	인조 가죽	finta pelle 핀타 펠레
부드러운	morbido 모르비도	린넨	lino 리노	밝은 색	colore chiaro 콜로레 끼아로
단단한	duro 두로	울	lana 라나	어두운 색	colore scuro 콜로레 스쿠로

___ 부탁합니다. ___, per favore. ___ 페르 파보레. ___, please.	패션 **modo di vestire** 모도 디 베스티레	**maglietta** 말리에따 ● 【T 셔츠】	

taglio cucci 탈리오 쿠치 ● 【니트】	**abito intero** 아비토 인테로 ● 【원피스】	**maglia** 말리아 ● 【셔츠 / 스웨터】	**cardigan** 카르디간 ● 【카디건】
gonna 곤나 ● 【스커트】	**giacca** 쟈까 ● 【쇼트 코트 / 재킷】	**cappotto** 카뽀또 ● 【코트】	**guanti** 관티 ● 【장갑】
scarpe 스카르페 ● 【구두】	**abito** 아비토 ● 【드레스】	**camicia** 카미챠 ● 【셔츠】	**pantaloni** 판탈로니 ● 【바지】
	canottiera 카노띠에라 ● 【캐미솔】	**camicetta** 카미체따 ● 【블라우스】	**jeans** 진스 ● 【청바지】
cappello 카뻴로 ● 【모자】	**felpa con cappuccio** 펠파 꼰 카뿌쵸 ● 【파카】	**sciarpa** 샤르파 ● 【스카프】	**stola** 스톨라 ● 【스톨】
intimo 인티모 ● 【반바지】	**reggiseno** 레찌세노 ● 【브래지어】	**calzamaglie** 칼짜말리에 ● 【타이츠】	**calze** 칼쩨 ● 【스타킹】

물로 세탁할 수 있나요?	**Può lavare con acqua?** 푸오 라바레 꼰 아꾸아? Is this washable?
더 저렴한 것이 있나요?	**Avete qualcosa di più economica?** 아베떼 꽐꼬자 디 쀼 에코노미카? Do you have a little cheaper one?

즐겁게 나만의 패션 스타일을 찾아봅시다.

$\smile$ 계산할 때 $\smile$

전부 얼마인가요?	**Quanto costa in totale?** 꽌또 코스타 인 토탈레? How much are all these together?
세금이 포함되어 있나요?	**Le tasse sono incluse?** 레 타쎄 쏘노 인클루제? Does it include tax?
신용 카드로 결제할 수 있나요?	**Posso pagare con questa carta di credito?** 포쏘 파가레 꼰 꿰스따 카르타 디 크레디토? Do you accept this credit card?
면세로 이것을 살 수 있나요?	**Posso comprarlo senza tasse?** 포쏘 콤프라를로 센짜 타쎄? Can I buy it tax-free?
면세 신고서를 주실 수 있나요?	**Posso avere un modulo per il rimborso delle tasse?** 포쏘 아베레 운 모둘로 페르 일 림보르소 넬레 타쎄? Can I have a customs form?
영수증에 오류가 있어요.	**C'è un errore nel conto.** 체 운 에로레 넬 콘토 I think there is a mistake in this bill.
거스름돈이 잘못됐어요.	**Il resto è sbagliato.** 일 레스토 에 스발리아토 You gave me the wrong change.

$\smile$ 환불, 교환, 클레임이 있다면 $\smile$

이건 제가 구매한 것과 다른 거예요.	**Dopo aperto ho visto che il prodotto è diverso.** 도포 아페르토 오 비스토 께 일 프로도또 에 디베르소 This is different from what I bought.
전혀 사용하지 않았어요.	**Non l'ho ancora usato.** 논 로 안코라 우자토 I haven't used it at all.

LOOK

▢▢▢▢ 색이 있나요?

Avete ▢▢▢▢ **?**

아베떼 ▢▢▢▢?

Do you have a ▢▢▢▢ one?

색
colore
콜로레

nero
네로

● 【검은색】

bianco
비안코

● 【흰색】

rosso
로쏘

● 【빨간색】

blu
블루

● 【파란색】

giallo
쟐로

● 【노란색】

verde
베르데

● 【초록색】

rosa
로자

● 【핑크색】

arancione
아란쵸네

● 【주황색】

viola
비올라

● 【보라색】

avorio
아보리오

● 【아이보리】

beige
베이제

● 【베이지】

marrone
마로네

● 【갈색】

oro
오로

● 【금색】

argento
아르젠토

● 【은색】

모양
disegno
디세뇨

striscia
스트리샤

● 【줄무늬】

a quadretti
아 꽈드레띠

● 【체크무늬】

fiorato
피오라토

● 【꽃무늬】

a pois
아 포이스

● 【물방울무늬】

tessuto a tinta unita
테쑤토 아 틴타 우니타

● 【민무늬】

moda
모다

● 【유행하는】

마음에 드는 구두나 가방을 사러 가고 싶어요.

이탈리아에서는 예쁘고 세련된 구두나 가방이 한가득♪
점원과 대화하며 즐겁게 쇼핑해 볼까요?

구두 가게에서

이 모델에 36 사이즈가 있나요?	**Avete la taglia 36 di questo modello?** 아베떼 라 탈리아 트렌타 쎄이 디 꿰스또 모델로? Do you have this in 36 ? 참고 P.72
조금 달라붙는 것 [널널한 것]같네요.	**Mi sta un po' stretto [largo].** 미 스타 운 뽀 스트레또[라르고] It's a little tight[loose].
발끝이 딱 맞아요.	**Mi tocca la punta dei piedi.** 미 토까 라 푼타 데이 피에디 My toes hurt.
반 사이즈 더 큰 것 [작은 것]이 있나요?	**Avete mezza taglia più grande[piccola]?** 아베떼 메짜 탈리아 쀼 그란데[피꼴라]? Do you have a half-size bigger[smaller] than this?
굽이 너무 높아요 [낮아요].	**Il tacco è troppo alto[basso].** 일 타꼬 에 트로뽀 알토[바쏘] I think the heels are too high[low].
딱 맞아요!	**La misura è giusta!** 라 미수라 에 쥬스타! This is perfect.
저는 이게 좋아요.	**Mi piace questo.** 미 피아체 꿰스또 I like this one.

도움이 되는 단어장 WORD

		뮬	mule 물레	롱 부츠	stivali lunghi 스티발리 롱기
		발레용 신발	scarpe da ballerina 스카르페 다 발레리나	운동화	scarpe da ginnastica 스카르페 다 진나스티카
펌프스	scarpe scollate 스카르페 스콜라테	부츠	stivali 스티발리	천 / 면	di tessuto 디 테쑤토
굽이 있는 펌프스	scarpe con tacchi alti 스카르페 꼰 타끼 알티	쇼트 부츠	stivaletti 스티발레띠	가죽의	di pelle 디 펠레
샌들	sandali 산달리	하프 부츠	stivali a mezza altezza 스티발리 아 메짜 알테짜	걷기 좋은	comodo per camminare 코모도 페르 캄미나레

가방 가게에서

검은색 가방을 원해요.	**Vorrei una borsa nera .** 보레이 우나 보르사 네라 I'd like a black bag.	참고 P.77
버튼으로[지퍼로] 닫히는 것을 선호합니다.	**Come chiusura preferisco con i bottoni[a zip].** 꼬메 끼우수라 프레페리스코 꼰 이 보또니[아 지프] I want one that has buttons[a zipper].	
좀 더 큰 것[작은 것] 이 있나요?	**Avete più grande[piccolo]?** 아베떼 뷰 그란데[피꼴로]? Do you have a bigger[smaller] one?	
다른 색이 있나요?	**Avete un altro colore?** 아베떼 운 알트로 콜로레? Do you have a different color?	
새로운 제품들이 있나요?	**Ci sono i prodotti nuovi?** 치 쏘노 이 프로도띠 누오비? Do you have a new one?	
어떤 게 더 잘 팔리나요?	**Qual'è più alla moda?** 꽐레 뷰 알라 모다? Which one is popular?	
밝은 색을 선호해요.	**Preferisco un colore brillante.** 프레페리스코 운 콜로레 브릴란테 I'd like a colorful one.	
주머니와 칸막이 같은 것이 있나요?	**Avete qualcosa con tasca e divisorio?** 아베떼 꽐꼬자 꼰 타스카 에 디비소리오? Do you have one that has pockets or compartments?	

도움이 되는 단어장 WORD

		여행용	**da viaggio** 다 비아쬬	지퍼	**zip** 지프
		업무용	**da lavoro** 다 라보로	가죽의	**di pelle** 디 뻴레
핸드백	**borsa** 보르사	매일의	**giornaliero** 죠르날리에로	천의	**di tessuto** 디 테수토
숄더백	**borsa a tracolla** 보르사 아 트라콜라	어깨끈이 있는	**con tracolla** 꼰 트라콜라	방수	**impermeabilizzazione** 임페르메아빌리짜찌오네
여행 가방	**valigia** 발리지아	어깨끈이 없는	**senza tracolla** 센짜 트라콜라	주머니	**tasca** 타스카

액세서리도 사러 가 봅시다.

이탈리아에서만 만나 볼 수 있는 반짝이는 액세서리들
내 것도 사고, 선물용으로도 사고, 몇 가지 둘러보다 보면
모두 사고 싶어집니다.

마음에 드는 액세서리를 찾아봅시다

이 반지를 볼 수 있을까요?	**Posso vedere questo anello?** 포소 베데레 꾸에스토 아넬로? Can I see this ring? 참고 P.181
이건 어떤 종류의 돌인가요?	**Che tipo di pietra è questa?** 께 티포 디 피에트라 에 꾸에스따? What is this stone?
몇 캐럿인가요?	**Quanti carati sono?** 꽌티 카라티 쏘노? What carat is this?
이탈리아에서 만들어 졌나요?	**È stato fatto in Italia?** 에 스타토 파또 인 이탈리아? Is this made in Italy?
어느 정도의 길이를 원하세요?	**Quanta lunghezza vuole?** 꽌따 룬게짜 부올레? How long do you want?
2m로 해 주세요.	**Due metri, per favore.** 두에 메트리 페르 파보레 I'll have two meters of it. 참고 P.150
선물용으로 부탁해도 될까요?	**Può incartarlo come regalo, per favore?** 푸오 인카르타를로 꼬메 레갈로 페르 파보레? Could you make it a present?
나눠서 포장해 주세요.	**Può incartarli separatamente, per favore?** 푸오 인카르타를리 세파라타멘테 페르 파보레? Could you wrap these individually?
리본을 달아 주실 수 있나요?	**Può metterci un nastro, per favore?** 푸오 메떼르치 운 나스트로 페르 파보레? Could you put some ribbons?
깨지지 않게 포장해 주시겠어요?	**Può confezionare con più attenzione, per favore?** 푸오 콘페찌오나레 꼰 뷰 아뗀찌오네 페르 파보레? Could you wrap these so it doesn't break?

이탈리아에서는 상품 가격의 4~20%에 부가 가치세가 포함되어 있지만 EU이외의 국가에서 거주하는 사람에게는 1건 당 €155이상 구매했을 경우 면세가 가능하므로 면세에 해당하는 금액의 물건을 구매했을 경우 구매한 곳에서 면세 신청을 합시다. 이때 여권을 반드시 제시해야 합니다.

___	부탁합니다.
___	, per favore.
___	페르 파보레.
___	, please.

액세서리
accessori
아체쏘리

anello
아넬로

● 【반지】

collana
콜라나
● 【목걸이】

bracciale
브라챨레

● 【팔찌】

orecchini
오레끼니
● 【귀걸이】

spilla
스필라
● 【브로치】

collarino
콜라리노

● 【초커】

ornamento per capelli
오르나멘토 페르 카펠리
● 【머리꾸미개】

braccialetto
브라챠레또
● 【팔찌】

anello per mignolo
아넬로 페르 미뇰로
● 【새끼손가락 반지】

ciondolo
춘돌로
● 【펜던트】

원포인트 반지 사이즈에 주의하자!
한국과 이탈리아는 사이즈 표기가 조금씩 다릅니다.
또 브랜드별로도 다른 경우도 있기 때문에 반드시 껴 보고
구매해야 합니다. 참고 P.150

한국	7	8	9	10	11	12	13
이탈리아	47	48	49	50	51	52	53

내 생일에 맞는 탄생석은?

1월 가넷	2월 자수정	3월 아쿠아마린	4월 다이아몬드
5월 에메랄드	6월 진주	7월 루비	8월 페리도트
9월 사파이어	10월 오팔	11월 토파즈	12월 터키석

도움이 되는 단어장 WORD

은	argento 아르젠토	석류석	granato 그라나토	루비	rubino 루비노
백금	platino 플라티노	자수정	ametista 아메티스타	페리도트	peridoto 페리도토
지르코늄	zirconio 찌르코니오	아쿠아 마린	acquamarina 아꾸아 마리나	사파이어	zaffiro 짜피로
유리	vetro 베트로	다이아몬드	diamante 디아만테	감람석	olivine 올리비네
		에메랄드	smeraldo 스메랄도	토파즈	topazio 토파찌오
		진주	perla 페를라	터키석	turchese 투르께제

헤매지 않고 화장품을 사는 방법을 알아 둡시다.

올리브 오일이나 허브 등의 천연 재료를 사용해 전통적인 방법으로
만든 천연 화장품을 추천합니다. 화장품을 사러 약국으로 가 볼까요?

이탈리아 화장품을 고르는 법
이탈리아에서 사면 좋은 화장품은 허브 약국이나 수도원의 약국에
서 만들어진 천연 소재 원료 그대로의 순수한 화장품입니다. 몇 백 년
동안 전해 내려오는 레시피로 만들어진 화장품은 피부에 순하게 잘
스며든답니다. 가게에서 꼼꼼히 살펴보고, 관심 있는 화장품과 향기
를 골라 보세요.

화장품을 찾아봅시다

파운데이션을 찾아요.	**Cerco fondotinta .** 체르코　　폰도틴타 I'm looking for a foundation cream.	참고 P.84
민감한 피부에 사용해도 되나요?	**Posso usare per pelle sensibile?** 포쏘　　우자레 페르 펠레　센씨빌레? Can this be used on sensitive skin?	
낮용[저녁용]인가요?	**È da giorno[notte]?** 에 다　죠르노[노떼]? Is it for daytime use[night time use]?	
첨가물이 있나요?	**Ci sono additivi?** 치 쏘노　　아디티비? Does it contain additives?	

점원에게 물어봅시다

이 제품은 어떻게 사용하나요?

Come si usa questo prodotto?
꼬메　　씨 우자 꿰스또　　프로도또?
How can I use this?

화장품 마벌의 표시 WORD

		주름	rughe 루게	무취의	senza profumo 센짜 프로푸모
		모공	pori 포리	방부제가 빠진	senza antisettico 센짜 안티세띠코
안티 에이징	anti age 안티 아제	식물성의	vegetale 베제탈레	보존가 빠진	senza conservante 센짜 콘세르반테
주름 개선	anti rughe 안티 루게	무착색	senza colore 센짜 콜로레	오가닉	biologico 비올로지코

수도원에서 만들어진 화장품도 인기 만점!
수도원에는 일찍이 많은 식물학자들이 있어 키우던 허
브를 사용해 조제를 해 왔습니다. 후에 그 기술을 적용
해 화장품을 만들었고, 지금도 수도원에서 만든 화장품
을 약국 등에서 팔고 있습니다.

한국에 없는 화장품이 있나요?	**Avete cosmetici che non ci sono ancora in Corea?** 아베떼 코스메티치 께 논 치 쏘노 안코라 인 꼬레아? Do you have any cosmetics that isn't available in Korea?
사용해 봐도 될까요?	**Posso provarlo?** 포쏘 프로바를로? Can I try this?
자외선 차단 기능이 있나요?	**Ha effetto contro i raggi ultravioletti?** 아 에페또 콘트로 이 라찌 울트라비올레띠? Does it block UV rays?
이것과 비슷한 색이 있나요?	**Avete un colore simile a questo?** 아베떼 운 콜로레 씨밀레 아 꿰스또? Do you have one close to this color?
다른 색들을 볼 수 있나요?	**Posso vedere gli altri colori?** 포쏘 베데레 리 알트리 콜로리? Can I see the other colors?
무엇이 새로운 색 인가요?	**Qual'è un colore nuovo?** 꽐레 운 콜로레 누오보? Which color is the new one?
더 밝은[어두운] 파운 데이션이 있나요?	**C'è un fondotinta più chiaro[scuro]?** 체 운 폰도틴타 뷰 끼아로[스쿠로]? Do you have a foundation in lighter[darker]color?
스파의 화장품은 무엇인가요?	**Qual'è il cosmetico di Spa?** 꽐레 일 코스메티코 디 스파? Which one is the cosmetics of Spa?
올리브 오일을 사용했나요?	**Usate olio d'oliva?** 우자테 올리오 돌리바? Does it use olive oil?
이것은 얼굴용인가요, 보디용인가요?	**Questo è per viso o corpo?** 꿰스또 에 페르 비소 오 코르포? Is this for face or body?

83

LOOK

	있나요?
Avete	**?**

아베떼 | |?

Do you have | | ?

화장품
cosmetico
코스메티코

burrocacao
부로카카오
● 【립밤】

---

acqua di rosa
아꾸아 디 로사
● 【장미수】

siero
씨에로
● 【세럼】

crema contorno occhi
크레마 콘토르노 오끼
● 【아이 크림】

rossetto
로쎄또
● 【립스틱】

maschera
마스께라
● 【미용 마스크 / 팩】

lucidalabbra
루치다라쁘라
● 【립글로스】

matita per gli occhi
마티타 페르 리 오끼
● 【아이라이너】

matita per le sopracciglie
마티타 페르 레 소프라칠리에
● 【아이브로】

smalto
스말토
● 【매니큐어】

polvere
폴베레
● 【파우더】

ombretto
옴브레또
● 【아이섀도】

mascara
마스카라
● 【마스카라】

fondotinta
폰도틴타
● 【파운데이션】

liquido
리뀌도
● 【액체】

fard
파르드
● 【블러셔】

lozione idratante
로찌오네 이드라탄테
● 【화장수】

olio aromatizzato
올리오 아로마티짜토
● 【아로마 오일】

crema idratante
크레마 이드라탄테
● 【보습 크림】

correttore fluido
코레또레 플루이도
● 【컨실러】

latte idratante
라떼 이드라탄테
● 【에멀션】

gel aromatizzato
젤 아로마티쨔토
● 【아로마 젤】

crema base
크레마 바세
● 【베이스 크림】

crema da giorno
크레마 다 죠르노
● 【데이 크림】

struccante
스트루깐테
● 【리무버】

gommage
곰마제
● 【각질 제거제】

성분
elemento
엘레멘토

crema da notte
크레마 다 노떼
● 【나이트 크림】

crema detergente
크레마 데테르젠테
● 【클렌징 크림】

esfoliazione
에스폴리아찌오네
● 【필링】

olio essenziale
올리오 에쎈짤레
● 【에센셜 오일】

olio di jojoba
올리오 디 죠조바
● 【호호바 오일】

olio d'oliva
올리오 돌리바
● 【올리브 오일】

collagene
콜라제네
● 【콜라겐】

olio di argan
올리오 디 아르간
● 【아르간 오일】

olio di germe di grano
올리오 디 제르메 디 그라노
● 【밀 배아 오일】

burro shea
부로 셰아
● 【시어 버터】

vitamina
비타미나
● 【비타민】

LOOK

어떤 종류의 ....을/를 추천하시나요?

Che cosa consiglia come ....?

께 꼬자 콘실리아 꼬메 ....?

Which .... do you recommend?

헤어,
보디케어 등
trattamento per capelli/corpo
트라따멘토 페르 까뻴리
/코르포

crema per le mani
크레마
페르 레 마니

● 【핸드크림】

sapone 사포네 ● 【비누】	**crema di corpo** 크레마 디 코르포 ● 【보디 크림】	**bagno da gel** 반뇨 다 젤 ● 【배스젤】	**shampoo** 샴푸 ● 【샴푸】
trattamento per capelli 트라따멘토 페르 까뻴리 ● 【헤어 트리트먼트】	**acqua di Colonia** 아꾸아 디 콜로니아 ● 【오드콜로뉴】	**supplemento** 수쁠레멘토 ● 【보충제】	**balsamo** 발사모 ● 【린스】 **profumo** 프로푸모 ● 【향수】
기능 **funzione** 푼찌오네	**sbianchimento** 스비안끼멘토 ● 【미백】 **anti rughe** 안티 루게 ● 【주름 개선】	**ultravioletto** 울트라비올레또 ● 【자외선 차단】 **idratante** 이드라탄테 ● 【보습】	**anti age** 안티 아제 ● 【안티 에이징】 **brufolo** 브루폴로 ● 【여드름】

새로운 향수가 있나요?

Avete un profumo nuovo?
아베떼 운 프로푸모 누오보?
Do you have a new perfume?

립스틱 샘플이 있나요?

Avete campioni per rossetto?
아베떼 캄피오니 페르 로쎄또?
Do you have a sample of lipsticks?

사용해 봐도 되나요?

Posso provare?
포쏘 프로바레?
Can I try this?

이것과 똑같은 것을 주시겠어요?

Vorrei uno uguale a questo?
보레이 우노 우괄레 아 꿰스또?
Can I have the same one?

기본회화
관광
맛집
쇼핑
엔터테인먼트
뷰티
호텔
교통수단
기본정보
단어장

85

시장에서 즐기는 소소한 소통

신선한 식재료와 꽃들을 파는 가게들이 늘어선 이탈리아의 시장 '메르카토'는
보고 있는 것만으로도 활기가 넘칩니다.
우리도 사람들 틈에 섞여 천천히 거닐어 봅시다.

메르카토에서 말을 걸어 봅시다

오렌지 4개를 주시겠어요?	**Vorrei 4 arance, per favore.** 보레이 꽈뜨로 아란체 페르 파보레 Four oranges, please. 참고 P.150
딸기 200g 주시겠어요?	**Posso avere 200g di fragole, per favore?** 포쏘 아베레 두에첸토 그람마 디 프라골레 페르 파보레? 200 grams of strawberries, please. 참고 P.150
햄 한 조각을 주실 수 있나요?	**Posso avere una fetta di prosciutto, per favore?** 포쏘 아베레 우나 페따 디 프로슈또 페르 파보레? A slice of this ham, please.
이 정도 덩어리로 주세요.	**Vorrei una porzione cosi, per favore.** 보레이 우나 포르찌오네 꼬지 페르 파보레 Could I have a chunk of these?
어떤 것이 계절 야채 [과일]인가요?	**Qual'è la verdura [frutta] di stagione?** 꽐레 라 베르두라 [프루따] 디 스타지오네? Which vegetable [fruit] is in season now?
이것은 원산지가 어디인가요?	**Di dov'è questo?** 디 도베 꿰스토? Where is this made?
이거 하나만 살 수 있을까요?	**Posso comprare solo uno?** 포쏘 콤프라레 쏠로 우노? Can I buy just one of these?
한국에 가져가기 위해 포장할 수 있을까요?	**Mi può imballare per portare in Corea?** 미 푸오 임발라레 페르 포르타레 인 꼬레아? Could you wrap it so I can take it to Korea?
모두 얼마인가요?	**Quanto costa in tutto?** 꽌토 코스타 인 뚜또? How much is it in total?
1kg의 가격인가요?	**È prezzo di 1 kg?** 에 프레쪼 디 운 킬로그램? Is this the price for one kilogram? 참고 P.150

올리브 한 봉지를 주시겠어요?
Mi può dave un sacchetto di olive, per favore?
미 푸오 다레 운 사께또 디 올리브, 페르 파보레?

맛볼 수 있을까요?
Posso assaggiare?
포쏘 아싸쨔레?

아침밥을 메르카토에서

그 지역의 풍미를 메르카토의 아침밥으로 느껴 봅시다. 빵집에서 빵을 사고, 정육점에서 햄도 사서 뚝딱 샌드위치를 만들어 먹기!

여러 가지 수량을 재는 단위는 여기에서

3 euro per 1 chilo 1kg에 3유로
뜨레 에우로 페르 운 킬로

1 euro 50 centessimi per 1 mazzo 1묶음에 1.5유로
운 에우로 에 친꽌타 첸테씨미 페르 운 마쪼

una bottiglia 우나 보띨리아	한 병	una scatola 우나 스카톨라	한 상자	un sacco 운 사꼬	한 봉지
un imballaggio 운 임발라쬬	한 팩	un barattolo 운 바라똘로	한 개	una rete 우나 레테	한 그물
un cestino 운 체스티노	한 바구니	un ceppo 운 체뽀	한 그루	una dozzina 우나 도찌나	한 다스

벼룩시장에서 흥정하기 도전!

안녕하세요.
Buongiorno.
본죠르노

안녕하세요, 편히 보고 가세요.
Buongiorno. Può vedere. Si accomodi.
본죠르노 푸오 베데레 씨 아꼬모디

이건 무엇인가요?
Cos'è questo?
꼬제 꿰스또?

이것은 아티초크예요.
Questo è un carciofo.
꿰스또 에 운 카르쵸포

얼마인가요?
Quanto costa?
꽌또 코스타?

3개를 산다면 할인해서 5유로에 해 줄게요.
Se ne compra 3, le faccio uno sconto. Va bene 5 euro.
쎄 네 콤프라 뜨레 레 파쵸 우노 스콘토. 바 베네 친퀘 에우로

좀 더 싸게 해 줄 수 있으신가요?
Mi può fare ancora un po' di sconto, per favore?
미 푸오 파레 안코라 운 뽀 디 스콘토 페르 파보레?

알겠어요, 그럼 2유로에 해 드릴게요.
Allora, 2 euro va bene.
알로라 두에 에우로 바 베네

이탈리아 디자인 굿즈를 기념품으로

통통 튀고 재미있는 물건에서 세련되고 심플한 디자인의 물건까지
이탈리아 디자인 잡화에는 이탈리아스러운 감성이 담겨 있습니다.

같은 것으로
두 개 주세요.
**Ne vorrei
2 uguali.**
네 보레이
두에 우괄리

**후추 분쇄기
pepe mulino**
페페 물리노
인기 있는 이탈리아 잡화 브랜
드, 알레시(Alessi)의 후추통

**병따개
apribottiglia**
아프리보띨리아
삐죽삐죽 치아가 뚜껑을
꽉 물게 되어 있어요.

**냅킨 클립
portatovagliolo**
포르타토발리올로
헤드폰 모양과 다양한 색깔이 예뻐요

**클립 홀더
portaclip**
포르타클리프
고슴도치가 자석으로
클립을 꽉 잡아 줘요.

다른 색이 있나요?
**Avete
altri colori?**
아베떼 알트리 콜로리?

**열쇠고리
portachiave**
포르타끼아베
이탈리아스러운
장식들이 귀여워요.

직화식 커피 메이커 사용 방법

커피 메이커는 3가지 단계로 나눕니다. 맨 아래의 용기에 손잡이 부분까지
물을 넣고 중간 부분에 로스팅한 커피콩을 넣어 준비합니다. 윗부분을 꽉
잠근 뒤 불을 피우고 보글보글 소리가 들리면 커피가 완성됩니다. 정리할
때는 세제를 사용하지 않고 물로만 씻어냅니다.

찻잔과 작은 접시
tazza e piattino
타짜 에 피아띠노
과일 모양의 고급스러운 컵과 컵받침

파손되지 않게
포장해 주실 수 있나요?
**Può imballare per
non rompersi, per
favore?**
푸오 임발라레 페르 논 롬페
르씨 페르 파보레?

계량컵
bicchiere graduato
비끼에레 그라두아토
사이즈 별로 갖춰놓고 싶은
깔끔한 디자인

250 ML

와인 따개
apribottiglia per vino
아프리보띨리아 페르 비노
색감이 적절하게 배치되어
있어 예쁘다.

포토 스탠드
portafotografia
포르타포토그라피아
컬러풀한 액자로 3매용, 4매용
을 고를 수 있다.

커피 메이커
caffettiera
카페띠에라
추억의 직화식 커피 메이커는
나를 위한 기념품으로

모두 다 해서
얼마인가요?
**Quanto costa
in tutto?**
꽌또 코스타 인 뚜또?

작은 접시
piattino
피아띠노
액세서리를 담기에 딱 좋
은 작은 접시

슈퍼마켓에서 쇼핑하기

원색적인 패키지의 식료품이나 잡화가 늘어선 슈퍼마켓은 기념품을 사기에 딱 입니다.
현지인들의 생활을 살짝 엿보면서 즐거운 쇼핑을 해 봅시다.

Parmigiano Reggiano
파르미지아노 레찌아노
↓
**파르미쟈노
레지아노**

일반적인 파르메산 치즈는
잘게 잘라 써도, 덩어리째
써도 좋은 만능 치즈

pomodoro in scatola
포모도로 인 스카톨라
↓
병조림 토마토

참치가 들어간 매콤한 토마
토는 안주로도 딱입니다.

shampoo
샴푸
↓
샴푸

사진에서 보이듯 아보카도
의 힘이 가득 담긴 샴푸

pate di carciofo
파테 디 카르쵸포
↓
**아티초크
페이스트**

파테 디 카르치오피. 브루
스케타에 올려 먹습니다.

pasta di pomodoro /
파스타 디 포모도로 /
acciuga
아츄가
↓
**토마토 페이스트 /
정어리 페이스트**

손쉽게 요리의 맛을 깊게 내
주는 페이스트 2종류

pasta forma
파스타 포르마
di cuore
디 꾸오레
↓
**하트 모양의
파스타**

여자들이 기념품으로 좋아
할 만한 귀여운 하트 모양의
파스타

도움이 되는 단어장 WORD		송어	trota 트로타	바질	basilico 바질리코
		연어	salmone 살모네	아티초크	carciofo 카르쵸포
닭고기	carne di pollo 카르네 디 폴로	당근	carota 카로타	아보카도	avocado 아보카도
돼지고기	carne di maiale 카르네 디 마이알레	양파	cipolla 치폴라	계란	uovo 우오보
소고기	carne di vitello 카르네 디 비텔로	감자	patata 파타타	버터	burro 부로
생선	pesce 페셰	토마토	pomodoro 포모도로	우유	latte 라떼

슈퍼마켓에서 저울 달기 도전!
슈퍼마켓에서 야채나 과일을 살 때 고객이 직접 무게를 잰다. 야채나 과일을 비닐봉지에 넣어 설치된 저울에 올려놓는다. 상품의 번호가 있는 버튼을 누르면 바코드가 나오는데 이를 비닐봉지에 붙여 계산대에서 계산한다.

lima per le unghe
리마 페르 레 운게
↓
네일 파일

귀여운 손톱 정리 도구는 주변 친구들에게 부담없이

dado di brodo
다도 디 브로도
↓
야채 콘소메

유니크한 패키지를 주방으로 가져가고 싶어집니다.

risotto di porcini
리소또 디 포르치니
↓
포르치니 버섯 리조또

냄비에 끓이는 것만으로도 완성! 손쉬운 이탈리아 음식

caffè
카페
↓
커피

매일 아침 커피 타임이 즐거워질 것 같은 패키지

cioccolato
쵸꼴라토
↓
초콜릿

사진에 보이는 것이 일반적인 이탈리아 기념품입니다. 버찌맛 초코입니다.

limoncello
리몬첼로
↓
리몬첼로

과자를 만들 때도 쓰이는 레몬 리큐어.

즐겁게 쇼핑합시다

야채 코너는 어디인가요?	**Dov'è il reparto di verdura?** 도베 일 레파르토 디 베르두라? Where is the vegetable section?
이 가게의 오리지널 상품이 있나요?	**Avete il prodotto originale di negozio?** 아베떼 일 프로도또 오리지날레 디 네고찌오? Do you have any original products?
오늘 몇 시까지 여나요?	**Fino a che ora apre oggi?** 피노 아 께 오라 아프레 오찌? What time do you close today?

91

☐☐☐ 부탁합니다.

☐☐☐, per favore.
☐☐☐ 페르 파보레.
☐☐☐, please.

패션 소품
accessori di moda
아체쏘리 디 모다

cintura
친투라

● 【벨트】

occhiali
오끼알리

● 【안경】

occhiali da sole
오끼알리 다 솔레

● 【선글라스】

cravatta
크라바따

● 【넥타이】

borsa
보르사
● 【가방】

borsellino
보르셀리노

● 【파우치】

portafoglio
포르타폴리오

● 【지갑】

astuccio portacarta
아스투쵸 포르타카르타

● 【카드 지갑】

portamoneta
포르타모네타

● 【동전 지갑】

costume da bagno
코스투메 다 반뇨

● 【수영복】

fermacravatta
페르마크라바따
● 【넥타이 핀】

gemelli
제멜리

● 【커프스 버튼】

잡화
articoli vari
아르티콜리 바리

quaderno
콰데르노

● 【노트】

laccetto per cellulare
라체또 페르 첼룰라레

● 【핸드폰 고리】

borsellino per accessori
보르셀리노 페르
아체쏘리

● 【액세서리 함】

calamita
칼라미타

● 【자석】

presina
프레씨나

● 【오븐 장갑】

bottiglia di vetro
보띨리아 디 베트로

● 【유리병】

peluche
페루께
● 【봉제 인형】

bambola
밤볼라

● 【인형】

piatto decorato
피아또 데코라토
● 【그림 접시】

cartolina
카르톨리나

● 【엽서】

asciugamano piccolo per mani
아슈가마노 피꼴로 페르 마니

● 【핸드 타월】

ornamento
오르나멘토

● 【장식】

libro
리브로

● 【책】

segnalibro
세냘리브로

● 【책갈피】

paralume
파라루메

● 【전등갓】

portachiavi
포르타끼아비

● 【열쇠고리】

profumo per la casa
프로푸모 페르 라 까자

● 【디퓨저】

scatola con carta marmorizzata
스카톨라 콘 카르타 마르모리짜타

● 【마블로로 되어 있는 작은 상자】

porta candela
포르타 칸델라

● 【양초 스탠드】

식품
alimentari
알리멘타리

vino
비노

● 【와인】

olio d'oliva
올리오 돌리바

● 【올리브 오일】

aceto balsamico
아체토 발사미코

● 【발사믹 식초】

pomodori secchi
포모도리 세끼

● 【말린 토마토】

funghi porcini secchi
푼기 포르치니 세끼

● 【말린 산새버섯】

pasta
파스타

● 【건조 파스타】

salsa
살사

● 【파스타 소스】

acciuga
아츄가

● 【멸치류】

pesto genovese
페스토 제노베제

● 【제노바식 페스토】

preparato per fare budino
프리파라토 페르 파레 부디노

● 【푸딩 믹스】

caffè in polvere
카페 인 폴베레

● 【인스턴트 커피】

aceto di vino
아체토 디 비노

● 【와인 식초】

기념품이
고민되네요.

아로마 향을 한국에서도 느끼고 싶어요.

이탈리아에는 향에 민감한 사람들이 많습니다. 좋아하는 향기를 찾으면
꼭 한국으로 가지고 와서 일상생활에서도 향기를 느껴 봅시다.

허브 종류
erbe
에르베

신선한
fresco
프레스코

스피어 민트	**menta verde** 멘타 베르데	
바질	**basilico** 바질리코	
페퍼민트	**menta peperina** 멘타 페페리나	
로즈메리	**rosmarino** 로스마리노	

아로마의 종류

수백 가지의 종류가
있는 아로마는 추출
하는 재료에 따라
그룹 지어 나누게 됩
니다.

향신료 종류
spezie
스페찌에

자극적인
stimolante
스티몰란테

고수	**coriandolo** 코리안돌로
계피	**cannella** 칸넬라
생강	**zenzero** 젠제로
월계수 잎	**alloro** 알로로

꽃 종류 fiori
피오리

달콤한
dolce
돌체

캐모마일	**camomilla** 카모밀라	라벤더	**lavanda** 라반다	
재스민	**gelsomino** 젤소미노	장미	**rosa** 로사	
제라늄	**geranio** 제라니오	일랑일랑	**ylang ylang** 일랑 일랑	

감귤 종류
agrumi
아그루미

가벼운
leggero
레쩨로

어떻게 고르지?
먼저 자신이 좋아하는
향을 알아야 합니다.
거기에 효능과 사용 방
법 등을 점원과 상담
하며 자신에게 딱 맞는
향기를 찾습니다.

자몽	**pompelmo** 폼펠모
스위트오렌지	**arance dolci** 아란체 돌치
베르가모트	**bergamotto** 베르가모또
만다린	**mandarino** 만다리노
레몬그라스	**citoronella** 치토로넬라

나무 종류
corteccia
코르테챠

시원한
rinfrescare
린프레스카레

백단(샌들우드)	**sandalo** 산달로
시더우드	**cedro** 체드로
티트리	**albero di tè** 알베로 디 테
유칼립투스	**eucalipto** 에우칼리프토
로즈우드	**palissandro** 팔리싼드로

	에 좋은 아로마는 무엇인가요?

Quale aroma da effetto per [   ] **?**

꽐레 아로마 다 에페또 페르 [   ]?

분노	irritazione 이리타찌오네	변비	costipazione 코스티파찌오네	생리통	dolori mestruali 돌로리 메스트루알리
스트레스	stress 스트레스	기미	macchia 마끼아		
집중력	concentrazione 콘첸트라찌오네	추위	freddo 프레도		
졸음	sonnolenza 손노렌짜	두통	cefalea 체팔레아		
안구 피로	occhio stanco 오끼오 스탄코	다이어트	dieta 디에타		

> **세계에서 가장 오래된 약국**
> 피렌체에 있는 세계에서 가장 오래된 약국 '산타 마리아 노벨라'에서는 600년 동안 고집한 천연 재료를 사용한 화장품을 팔고 있습니다. '장미 화장수(로즈 워터)'는 1381년부터 팔린 스테디셀러입니다.

(마음에 드는 향을 찾아봅시다)

좀 더 상쾌한 향이 있나요?	**Avete un profumo più fresco?** 아베떼 운 프로푸모 쀼 프레스코? Do you have one with more fresh scent?
이것은 유기농인가요?	**Questo è biologico?** 꿰스토 에 비올로지코? Is it organic?
이 향으로 할게요!	**Prendo questo profumo.** 프렌도 꿰쏘 프로푸모 I'll have this scent!
이 상점의 특색 있는 상품이 있나요?	**Avete il prodotto tipico del negozio?** 아베떼 일 프로도또 티피코 델 네고찌오? Do you have an original item?

아로마 상품 단어장 WORD

		항아리	vaso 바조	병	bottiglia 보띨리아
		오일	olio 올리오	스프레이	spruzzatore 스프루짜토레
디퓨저	diffusore 디푸소레	샴푸	shampoo 샴푸	민감성 피부	pelle sensibile 뻴레 센씨빌레
양초	candela 칸델라	비누	sapone 사포네	첨가물이 없는	senza additivi 센짜 아디티비
향	incenso 인첸소	트리트먼트	trattamento 트라따멘토	(향이) 우아한	elegante 엘레간테
스크럽	sali da bagno 살리 다 반뇨	배합	assortimento 아쏘르티멘토	(향이) 이국적인	esotico 에소티코

공연이나 엔터테인먼트를 감상하고 싶어요.

한 번 정도는 본고장에서 감상해 보고 싶은 발레나 오페라, 클래식
공연을 감상해 보고, 바나 클럽 등, 화려한 밤을 보낼 수 있는 곳도
가 봅시다.

예약~공연장에서

여기서 티켓 예매를 할 수 있나요?	**Posso prenotare il biglietto qui?** 포쏘 프레노타레 일 빌리에또 뀌? Can I make a reservation here?
오페라[발레]를 보고 싶어요.	**Vorrei vedere un'opera lirica[un balletto].** 보레이 베데레 우노페라 리리카[운 발레또] I'd like to see the opera [the ballet] .
오늘 밤에 공연이 있나요?	**C'è qualche concerto stasera?** 체 꽐께 콘체르토 스타세라? Are there any concerts tonight?
<u>스칼라 극장</u>에서는 무엇을 하고 있나요?	**Che cosa danno alla Scala ?** 께 꼬자 단노 알라 스칼라? What is on at the Teatro alla Scala? 참고 P.101
지금 가장 인기있는 오페라는 무엇인가요?	**Quale opera è più di successo per ora?** 꽐레 오페라 에 쀼 디 수체쏘 페르 오라? What's the most popular opera now?
오늘자 티켓이 있나요?	**Avete il biglietto per oggi?** 아베떼 일 빌리에또 페르 오찌? Do you have a walk-up ticket?
오늘의 프로그램은 무엇인가요?	**Quale programma danno oggi?** 꽐레 프로그램마 단노 오찌? What's today's program?
가장 저렴한[비싼] 자리는 얼마인가요?	**Quanto costa un posto più economico[caro]?** 꽌또 코스타 운 포스토 쀼 에코노미코[카로]? How much is the cheapest [most expensive] seat?
어른 <u>두</u> 장 주세요.	**2 per adulti, per favore.** 두에 페르 아둘티 페르 파보레 Two tickets for adult, please. 참고 P.150
좋아요. 따로 앉을게요.	**Va bene anche in posti diversi.** 바 베네 안께 인 포스티 디베르씨 We can sit separately.

극장에서의 매너
휴대 전화의 전원을 끄는 것은 당연한 매너, 공연 시간에 늦게 도착하면 다음 막까지 들어갈 수 없으므로 주의!

오페라 극장의 구조

3등석
loggione
로죠네

가장 저렴한 좌석으로 복장에 그다지 신경쓰지 않아도 된다.

칸막이석
palco
팔코

4~6명이 앉을 수 있는 좌석으로 두 번째 열보다 뒤쪽이 잘 안 보인다.

커튼
sipario
씨파리오

Bravi!
브라비
멋지다!

무대
palcoscenico
팔코세니코

무대 앞의 넓은 좌석
platea
플라테아

1층의 중앙석, 가격도 비싸고 화려하다. 복장에 주의해야 한다.

오케스트라
orchestra
오르께스트라

찬사를 보내는 표현인 '부라보!(Bravo)'는 상대방의 성별과 인원 수에 따라 어미가 바뀝니다. 상대방이 남자 혼자인 경우는 Bravo, 여자 혼자인 경우는 Brava, 남자 여러 명이거나 남녀 여러 명인 경우에는 Bravi, 여자 여러 명인 경우는 Brave입니다.

도움이 되는 단어장 WORD		댄스	**ballo** 발로	자유석	**posto non prenotato** 포스토 논 프레노타토
		콘서트	**concerto** 콘체르토	오전 공연	**mattinata** 마띠나타
오페라	**opera lirica** 오페라 리리카	매표소	**botteghino** 보떼기노	저녁 공연	**spettacolo serale** 스페따콜로 세랄레
극장	**teatro** 테아트로	오늘자 티켓	**biglietto per oggi** 빌리에또 페르 오찌	입구	**entrata** 엔트라타
발레	**balletto** 발레또	지정석	**posto prenotato** 포스토 프레노타토	출구	**uscita** 우쉬타

공연이나 엔터테인먼트를 감상하고 싶어요

스탠딩 석이 있나요?
C'è un posto in piedi?
체 운 포스토 인 피에디?
Do you have a standing seat?

좌석 배치도를 볼 수 있을까요?
Mi può fare vedere la lista dei posti a sedere, per favore?
미 푸오 파레 베데레 라 리스타 데이 포스티 아 세데레 페르 파보레?
Can I see the seating plan?

공연이 언제 시작 하나요?[끝나나요?]
A che ora inizia[finisce] lo spettacolo?
아 께 오라 이니찌아[피니셰] 로 스페따콜로?
What time does it begin[end]?

(티켓을 보여주면서)자리를 안내해주실 수 있나요?
Mi può fare strada, per favore?
미 푸오 파레 스트라다 페르 파보레?
Could you take me to my seat?

외투나 소지품을 맡길 곳이 있나요?
C'è il guardaroba?
체 일 과르다로바?
Do you have a cloak room?

택시를 불러 주실 수 있나요?
Mi può chiamare un taxi, per favore?
미 푸오 끼아마레 운 탁씨 페르 파보레?
Will you get me a taxi?

술집에서

괜찮은 바를 추천해 주실 수 있나요?
Può consigliarmi un bar carino, per favore?
푸오 콘실리아르미 운 바 카리노 페르 파보레?
Can you tell me a good bar?

어떤 종류의 노래가 나오고 있나요?
Che tipo di musica c'è?
께 티포 디 무지카 체?
What kind of music is being played?

저는 예매하지 않았어요.
Non ho prenotato.
논 오 프레노타토
I don't have a reservation.

자리가 있나요?
C'è posto?
체 포스토?
Can we get a table?

재즈바에서는 어떻게 하지?

술을 마시거나 식사를 하면서 라이브 연주까지 즐길 수 있는 재즈바. 주말에는 특히 붐빈다. 그러니 미리 예약을 해 두고 천천히 즐겨 보는 건 어떨까?

이 공연이 언제 시작하나요?	**Quando comincia lo spettacolo?**
	꽌도 코민챠 로 스페따콜로?
	When does the show start?

입장료가 얼마인가요?	**Qual'è il prezzo d'ingresso?**
	꽐레 일 프레쪼 딘그레쏘?
	How much is the admission?

예약이 필요한가요?	**Bisogna prenotare?**
	비소냐 프레노타레?
	Do I need a reservation?

라이브 공연이 있나요?	**C'è uno spettacolo dal vivo?**
	체 우노 스페따콜로 달 비보?
	Do you have live performance?

오늘 사람들이 많이 있나요?	**C'è tanta gente oggi?**
	체 탄타 젠테 오찌?
	Is it crowded today?

메뉴판 좀 주세요.	Il menù , per favore.
	일 메누 페르 파보레
	Can I have a menu, please?

하나 더 주시겠어요?	**Posso averne un altro?**
	포쏘 아베르네 운 알트로?
	Can I have another one, please?

도움이 되는 단어장 WORD

나이트 클럽	night club 니게트 크루브	라이브 콘서트	concerto dal vivo 콘체르토 달 비보	와인	vino 비노
클럽	discoteca 디스코테카	카바레	cabaret 카바레트	스파클링 와인	prosecco 프로세꼬
바	bar 바	공연 요금	tariffa per lo spettacolo 타리파 페르 로 스페따콜로	칵테일	cocktail 코크타일
		좌석 요금	prezzo per un posto 프레쪼 페르 운 포스토	맥주	birra 비라
		위스키	whisky 위스케	콜라	coca cola 코카콜라

이탈리아 예술의 정수, 오페라에 취해 볼까요?

오페라는 음악, 문학, 미술이라는 범주가 서로 어우러지는 종합 예술이라고 불립니다.
예술의 도시에서 진정한 오페라를 감상해 보시는건 어떨까요?

오페라란?

오페라는 노래와 관현악을 중심으로 하는 가극의
한 종류로, 그리스의 극장을 모방한 형태로 피렌체
에서 처음 시작되었다. 17세기 초반, 초기의 오페라
가 이탈리아 전역으로 퍼져 나갔고 그것을 이탈리
아의 작곡가인 클라우디오 몬테베르디가 정리하
여 지금의 오페라의 원형이 되었다. 18세기 초반에
는 신화와 여러 고사를 주제로 한 오페라 세리아와
단편극을 중심으로 하는 오페라 부파가 생겨났다.
그 이후 작곡가 로시니와 베르디 등이 활약하면서
근대 오페라로 발전하게 되었다.

오페라 감상을 위한 사전 준비

■ 좌석의 종류

♪ 플라테아(평지석)… 1층 중앙석으로 무대가 가장 잘보이
고 음향도 좋다.

♪ 팔코(4~6인 정원의 박스석)… 말발굽 모양의 꽤 높은 위
치에서 볼 수 있으며 1층석에서 4층석 정도까지 있다.

♪ 로찌오네(천장 좌석)…팔코 보다 더 위쪽에 있는 좌석

오페라 글라스를
가져가는 것도
좋아요!

이탈리아의 밤은 늦은 편

오페라의 공연 시작은 오후 8시 이후가 많다. 상연 시간도 긴 편이고 3시간을 넘어서는 경우도 많아서 돌아갈 때는 택시를 타고 가는 것이 안전!

추천하는 오페라 하우스는?

세계 최고봉의 오페라 하우스
스칼라 극장
Teatro alla Scala

밀라노

피에르 마리니의 설계로 1778년에 완공되었다. 이름의 유래는 이전에 이 자리에 있던 스칼라 성당에서 따 왔다. 병설 박물관에서는 의상과 극장 내부도 들여다 볼 수 있다.

바로크 양식의 건축이 예술
로마 오페라 극장
Teatro dell'Opera

로마

1880년에 콘스탄티 극장이라는 이름으로 시작해 많은 명작 오페라를 초연한 곳이다. 1946년에 로마 오페라 극장으로 이름을 바꾸었다.

불사조의 이름을 가진 오페라 극장
페니체 극장
Teatro la Fenice

베니지아

1792년에 완공되어 베르디의 '춘희', '리골레토' 등을 초연한 곳이다. 1836년과 1996년에 화재로 인해 전소 되었지만 그 이름답게 재건축되어 되살아났다.

유럽에서 가장 오래된 오페라 극장
산 카를로 극장
Teatro di San Carlo

나폴리

1737년에 지어져 이탈리아 3대 오페라 극장 중 하나로 꼽힌다. 오페라가 상연되지 않는 날의 오전 중에는 내부 견학이 가능 하다.

■ 주요 작품

나비 부인 (Madama Butterfly) / 푸치니
마술피리(Il Flauto Magico) / 모차르트
카르멘(Carmen) / 비제
춘희(La Traviata) / 베르디
돈 조반니(Don Giovanni) / 모차르트
토스카(Tosca) / 푸치니
피가로의 결혼(Le nozze di Figaro) / 모차르트
투란도트 (Turandot) / 푸치니
세비야의 이발사(Il Barbiere di Siviglia) / 로시니
라 보엠(La Bohème) / 푸치니

에스테틱으로 힐링을, 한 템포 쉬어가기♪

이탈리아의 에스테틱이나 스파를 방문해 보는 것도 하나의 재미.
밀라노나 로마에서 세련된 케어를 받아 보세요.

예약~접수

여보세요. 이탈리아노인가요?	**Pronto. È Italiano?** 프론토　에 이탈리아노? Hello. Is this Italiano?
예약하고 싶습니다.	**Vorrei prenotare.** 보레이　프레노타레 I'd like to make an appointment.
제 이름은 김미나 입니다.	**Mi chiamo Mina Kim.** 미　끼아모　미나　킴 My name is Mina Kim.
내일 4시에 두 명 예약 부탁드립니다.	**Domani, per 2 persone alle 4, per favore.** 도마니　페르 두에 페르소네　알레　꽈뜨로 페르 파보레 For two persons, tomorrow at four o'clock, please.　참고 P.150
몸 전체 마사지 서비스가 있나요?	**Ci sono trattamenti massaggio corpo?** 치 쏘노　트라따멘티　마싸쬬　코르포? Do you have a full-body massage service?　참고 P.106
60분 동안 진행되는 몸 전 체 마사지로 부탁드립니다.	**Trattamento massaggio corpo per 60 minuti, per favore.** 트라따멘토　마싸쬬　코르포 페르 쎄싼타 미누티 페르 파보레 I'd like to have a full-body massage for sixty minutes.　참고 P.150
기본 코스로 받을 수 있을까요?	**Mi può fare il programma di base, per favore?** 미 푸오 파레 일 프로그람마　디 바세　페르 파보레? I'd like to have a basic course.
옵션으로 네일도 부탁합니다.	**Anche unghia come optional, per favore.** 안께　운기아　꼬메　옵티오날　페르 파보레 I'd like to have optional nail, please.
한국어 하실 수 있는 분이 있나요?	**C'è qualcuno che parla coreano?** 체　꽐꾸노　께　빠를라 꼬레아노? Is there anyone who speaks Korean?
한국어로 된 메뉴판 이 있나요?	**C'è il menù in coreano?** 체　일 메누　인 꼬레아노? Do you have a Korean menu?

접수~트리트먼트

가격표를 볼 수 있을까요?	**Mi fa vedere la tariffa, per favore?** 미 파 베데레 라 타리파 페르 파보레? Can I see the price list?
얼마예요?	**Quanto costa?** 꽌또 코스타? How much is it?
시간이 얼마나 걸립니까?	**Quanto tempo ci vuole?** 꽌또 뗌포 치 부올레? How long does it take?
어떤 효과가 있습니까?	**Quale effetto da?** 꽐레 에페또 다? What kind of effects does it have?
여성 직원을 선호합니다.	**Preferisco uno staff femminile.** 프레페리스코 우노 스타프 페미닐레 I'd like a female therapist.
같은 방에서 받을 수 있습니까?	**Possiamo farlo nella stessa stanza?** 포씨아모 파를로 넬라 스테싸 스탄짜? Can we have it in the same room?

예약 취소나 변경

제 예약을 변경하고 싶습니다.	**Vorrei cambiare la mia prenotazione.** 보레이 캄비아레 라 미아 프레노타찌오네 I'd like to change the appointment.
예약을 취소하고 싶습니다.	**Vorrei cancellare.** 보레이 칸첼라레 I'd like to cancel the appointment.
일행 중 한 명이 올 수 없습니다.	**Una persona non può venire.** 우나 페르소나 논 푸오 베니레 One of us can't go.
예약 시간에 늦게 도착할 것 같습니다.	**Arriverò tardi.** 아리베로 타르디 I'll be late.

에스테틱으로 힐링을, 한 템포 쉬어가기 ♪

케어를 받으며 알아 두면 좋을 표현들

여기는 손대지 말아 주십시오.	**Non toccare qui, per favore.** 논 도까레 뀌 페르 파보레 Please don't touch here.
기분이 매우 좋습니다.	**Mi fa molto bene.** 미 파 몰또 베네 It feels very good.
아픕니다. / 너무 셉니다.	**Mi fa male. / È troppo forte.** 미 파 말레 / 에 트로뽀 포르테 It hurts. / It's too strong.
조금만약하게[강하게] 해 주실 수 있으습니까?	**Melo può fare un po' più leggero [forte] , per favore?** 멜로 푸오 파레 운 뽀 쀼 레쩨로[포르테] 페르 파보레? Could you make it weaker [stronger] ?
딱 좋습니다.	**Mi fa bene.** 미 파 베네 It's OK.
약간 아픕니다.	**Sto un po' male.** 스토 운 뽀 말레 I feel a little sick.
물 한 잔만 마실 수 있을까요?	**Posso avere un po' d'acqua, per favore?** 포쏘 아베레 운 뽀 다꾸아 페르 파보레? Could I have a glass of water?

카운슬링(사전 문진표)에 대한 간단한 해설

시술 전에는 카운슬링(사전 문진표)이 들어간다. 카운슬링은 당일 몸 상태와 받고 싶은 코스 등을 확인한다. 임신 중이거나 알레르기가 있는 경우는 미리 이야기해 두자.

미리 말해 둡시다

생리 중 입니다.	**Ho le mestruazioni.** 오 레 메스트루아찌오니
어깨가 결립니다.	**Ho una spalla rigida.** 오 우나 스팔라 리지다
임신 중 입니다.	**Sono incinta.** 쏘노 인친타

알레르기
구체적으로 어떤 반응이 나오는지, 증상이 일어났을 때 어떤 부위에서 일어나는 지 등을 자세하게 적는다.

피부 타입
본인 피부 타입을 적는다(지성, 건성 등)

카운슬링표(사전문진)

nome (성명) : _____

date di nascita (생년월일) : _____

età (나이) : _____

allergia (알레르기) : si (있음) / no (없음)

condizione (컨디션) : buono (좋음) / male (나쁨)

condizone di pelle (피부 상태) : _____

problema di pelle (피부 고민) : _____

화장실을 이용해도 될까요?	**Posso andare in bagno?** 포쏘 안다레 인 반뇨? May I use the restroom?
로커는 어디에 있나요?	**Dov'è l'armadietto?** 도베 라르마디에또? Where is the locker?
저는 습진[알레르기]가 있습니다.	**Ho l'allergia atopica [l'allergia].** 오 랄레르쟈 아토피카[랄레르쟈] I have an eczema [an allergy].
이 향은 무엇입니까?	**Che cos'è questo profumo?** 께 꼬제 꿰스또 프로푸모? What is this scent?

끝나고 나서 한마디

2인분에 얼마입니까?	**Quanto costa per 2 persone?** 꽌또 꼬스타 페르 두에 페르쏘네? How much is it for two of us?
이 신용 카드를 사용할 수 있을까요?	**Posso usare questa carta di credito?** 포쏘 우자레 꿰스따 카르타 디 크레디토? Do you accept this credit card?
한국에도 가게가 있습니까?	**Avete dei negozi in Corea?** 아베떼 데이 네고찌 인 꼬레아? Do you have a shop in Korea, too?
샴푸 하나 주세요.	**Uno shampoo, per favore.** 우노 샴푸 페르 파보레 Could I have a shampoo?
이 화장품들을 살 수 있나요?	**Posso comprare questi cosmetici?** 포쏘 콤프라레 꿰스띠 꼬스메티치? Can I buy these cosmetics?

만족했다면

매우 좋았습니다.
È stato molto bello.
에 스타토 몰또 벨로
It was very nice.

LOOK

☐☐☐ 하고 싶습니다. **Vorrei** ☐☐☐ . 보레이 ☐☐☐ . I'd like to have ☐☐☐ .	시술 **fare** 파레	**massaggio per corpo** 마싸죠 페르 코르포 ● 【전신 마사지】

trattamento viso 트라따멘토 비조	**massaggio per gambe** 마싸죠 페르 감베	**pietra calda** 피에트라 칼다	**testa massaggio** 테스타 마싸죠
● 【얼굴 마사지】	● 【발 마사지】	● 【웜스톤】	● 【머리 마사지】
massaggio aromatizzato 마싸죠 아로마티짜토	**massaggio per mano** 마싸죠 페르 마노	**jacuzzi doccia massaggio** 자꾸찌 도챠 마싸죠	**massaggio per pressione idraulica** 마싸죠 페르 프레씨오네 이드라우리카
● 【아로마 마사지】	● 【손 마사지】	● 【자쿠지 샤워 마사지】	● 【수압 마사지】
talassoterapia 타라쏘테라피아	**aromaterapia** 아로마테라피아	**vinoterapia** 비노테라피아	**riflessologia** 리플레쏠로쨔
● 【해수 스파】	● 【아로마 테라피】	● 【와인 테라피】	● 【리플렉솔로지】
rilassamento 리라싸멘토	**palla d'erbe** 팔라 데르베	**massaggio linfa** 마싸죠 린파	**massaggio con l'olio** 마싸죠 꼰 롤리오
● 【릴랙스】	● 【허브 볼 마사지】	● 【림프 마사지】	● 【오일 마사지】
maschera di fango 마스께라 디 판고	**bagno di vapore** 반뇨 디 바포레	**crema detergente** 크레마 데테르젠테	**detox** 데톡쓰
● 【진흙 팩】	● 【증기욕】	● 【클렌징】	● 【디톡스】

이탈리아의 온천, '테르메'로 여독을 풀고 가 볼까요?

화산이 많은 이탈리아에는 각지에 테르메(terme)라고 하는 다양한 온천이 있습니다.
무려 고대 로마 시대부터의 역사를 가진 유서 깊은 테르메도 있습니다.
이탈리아는 안다는 사람은 거의 다 알고 있는 온천 천국이랍니다.

어디에 있어요?

테르메는 도시보다는 시골 지역에 많이 있어서 경우에 따라 이용하기 힘들 때도 있습니다. 최근 밀라노나 도시에서도 생겨나고 있어, 보다 가벼운 느낌으로 이용할 수 있게 되었습니다. 이탈리아 전체에 약 200여개의 온천지가 있고, 유명한 테르메로는 토스카나 주의 '몬테카티니 테르메', 베네토 주의 '아바노 테르메', 라치오 주의 '피우지'와 '사투르니아' 등이 있습니다.

이탈리아에서 멋진 온천 경험을♪

모처럼 온 여행, 온천에서 시간을 보내 봐요.
어색해하지 말고 한번 몸을 푹 담그고 나면
여독도 풀리고, 여행에 좋은 추억도 생겨날 거예요.

어떻게
이용하나요?

한국의 목욕탕과는 다르게 테르메는 수영복을 입고 이용합니다. 한국에서는 당일치기로 목욕도 하고 찜질도 하는 느낌이라면, 이탈리아에서는 장기간 동안 지내는 것이 일반적입니다. 몇 주에 걸쳐 머물면서 의사의 처방을 받아 요양같은 느낌으로 지내기도 하고 리조트 호텔의 온천 워터파크처럼 이용하기도 합니다.

단순한 온천 시설을 넘어서 류머티즘 관절염, 호흡기 질환, 심장 질환, 천식, 알레르기, 스트레스 등의 치료 효과가 있는 것으로 인정받은 테르메가 많습니다. 또 이탈리아의 테르메에서 볼 수 있는 머드팩은 미네랄이 풍부하고 미용 효과도 높아 여성에게 좋은 추천 코스입니다.

효능은?

겨울에는 문 닫는
테르메도 있다고도 해요!

호텔에서 쾌적하게 지내고 싶어요.

여행을 더 충실하고 재미있게 보내기 위해 호텔에서의 시간도 소중하게.
호텔에 있는 동안 자주 쓰이는 표현들을 모아 봤습니다.

호텔 도착이 늦어질 것 같을 때!

도착이 늦어집니다만,
예약은 유지해 주세요.

Arrivo tardi ma mi tenga la camera, per favore.
아리보 타르디 마 미 텐가 라 카메라 페르 파보레
I'll be late, but please keep the reservation.

체크인, 체크아웃을 해 봅시다

체크인을 하고
싶습니다.

Vorrei fare la registrazione, per favore.
보레이 파레 라 레지스트라찌오네 페르 파보레
Check in, please.

좋은 뷰가 있는 방을
원합니다.

Vorrei una camera con un bel panorama, per favore.
보레이 우나 까메라 꼰 운 벨 파노라마 페르 파보레
I want a room with a nice view.

금연 전용[흡연 전용]
방을 원합니다.

Vorrei una camera non fumatori[fumatori], per favore.
보레이 우나 까메라 논 푸마토리[푸마토리] 페르 파보레
I'd like a non-smoking[smoking] room.

예약했습니다.

Ho una prenotazione.
오 우나 프레노타찌오네
I have a reservation.

한국말을 하실 수
있는 분이 있나요?

C'è qualcuno che parla coreano?
체 꽐꾸노 께 파를라 꼬레아노?
Is there anyone who speaks Korean?

귀중품을 보관해
주시겠습니까?

Posso lasciare oggetti di valore?
포쏘 라샤레 오제띠 디 발로레?
Could you store my valuables?

체크아웃 시간이
몇 시인가요?

A che ora devo lasciare la camera?
아 께 오라 데보 라샤레 라 카메라?
When is the check out time?

이 호텔에는 어떤
시설이 있습니까?

Quali impianti attrezzati ci sono in albergo?
꽐리 임피안티 아프레짜터 치 쏘노 인 알베르고?
What kind of facilities do you have in this hotel?

자판기는 어디에 있나요?

Dov'è il distributore?
도베 일 디스트리부토레?
Where is the vending machine?

여기 근처에 좋은 레스토랑이 있나요?

C'è un buon ristorante qui vicino?
체 운 부온 리스토란테 뀌 비치노?
Do you have any good restaurants near here?

호텔은 이렇게 되어 있습니다

룸서비스
servizio in camera
세르비쬬 인 카메라

객실에서 전화로 주문을 받아 음식이나 음료수를 제공하는 서비스

로비
hall
올

현관이나 프런트에 가까운 곳에 있어 일행을 기다리거나 간단한 휴식을 취할 수 있는 공간이다. 투숙객들이 자유롭게 이용 가능한 공간

안내소
informazioni
인포르마찌오니

투숙객을 응대하고 관광 정보를 제공하거나 투어 신청, 고객들의 요구 사항을 접수하는 곳

포터
facchino
파끼노

호텔에 도착한 차량에서 투숙객의 짐을 프런트로 운반해 준다.

프런트
reception
레쳅티온

체크인, 체크아웃, 정산, 환전 등의 접수 업무를 담당하고 귀중품 보관 등의 업무도 한다.

벨보이
fattorino
파토리노

투숙객의 짐을 운반하거나 고객들을 방으로 안내하는 역할을 한다. 호텔에 따라 포터의 업무를 함께 하기도 한다.

클로크
guardaroba
과르다로바

투숙객의 짐을 맡아 주는 역할을 한다. 체크인 전이나 체크아웃 후에 이용 가능하다.

객실로 안내해 드리겠습니다.
La accompagno in camera.
라 아꼼파뇨 인 까메라

짐을 옮겨드리겠습니다.
Le porto i bagagli.
라 포르토 이 바갈리

엘리베이터는 이쪽입니다.
L'ascensore è qua.
라센소레 에 꽈

안녕하세요.
Buongiorno.
본죠르노

109

호텔에서 쾌적하게 지내고 싶어요.

방 안에서

샤워기 사용법을 알려 주시겠습니까?	**Può farmi vedere come si usa la doccia?** 푸오 파르미 베데레 꼬메 씨 우자 라 도챠? Could you show me how to use this shower?
미나 씨, 들어가도 될까요?	**Signora Mina, posso entrare?** 씨뇨라 미나 포쏘 엔트라레? Ms. Mina, may I come in?

네, 들어오세요.	잠시만요.
Si, prego. 씨 프레고 Come in.	**Solo un attimo.** 솔로 운 아띠모 Just a moment, please.

여기는 <u>415</u>호입니다.	**Questa è la camera 415 .** 꿰스따 에 라 카메라 꽈뜨로첸토뀐디치 This is Room 415 .　　　　　　　　　참고 P.150
내일 아침 6시에 모닝콜 부탁드립니다.	**Vorrei la sveglia alle 6 di domattina, per favore.** 보레이 라 스벨리아 알레 쎄이 디 도마띠나 페르 파보레 Please wake me up at six tomorrow morning.　　참고 P.150
알겠습니다.	**Si, d'accordo.** 씨 다꼬르도 All right.
새로운 수건을 가져다 주세요.	**Mi porti un asciugamano nuovo, per favore.** 미 포르티 운 아슈가마노 누오보 페르 파보레 Please bring me a new towel.
최대한 빨리 부탁드립니다.	**Il più presto possibile, per favore.** 일 퓨 프레스토 포씨빌레 페르 파보레 As soon as possible, please.
룸서비스를 부탁드립니다.	**Il servizio in camera, per favore.** 일 세르비쬬 인 카메라 페르 파보레 Room service, please.
커피 한 잔 부탁드립니다.	**Un caffè , per favore.** 운 카페 페르 파보레 I'd like a cup of coffee, please.
약간의 얼음과 물 좀 부탁드립니다.	**Un po' di ghiaccio e l' acqua , per favore.** 운 뽀 디 기아쵸 에 라꾸아 페르 파보레 Please bring me some ice cubes and water.

호텔에서 지켜야할 매너를 알아 둡시다

1 체크인부터 체크아웃까지
도착이 늦어지거나 외출 후 늦게 돌아올 경우는 반드시 사전에 연락하기

2 복장
호텔은 공공장소이다. 슬리퍼나 샤워 가운을 입고 방 밖으로 돌아다니지 않도록 하자.

3 귀중품 관리는 자기 책임
귀중품은 가지고 다니거나 객실 내 금고나 프런트에 맡기는 것이 좋다.

4 팁에 대해
호텔 내에서 서비스를 받은 경우 팁은 1유로 정도가 충분.

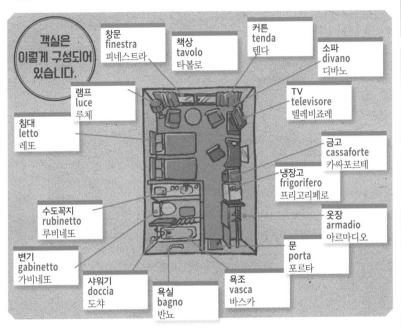

객실은 이렇게 구성되어 있습니다.

창문
finestra
피네스트라

책상
tavolo
타볼로

커튼
tenda
텐다

소파
divano
디바노

램프
luce
루체

침대
letto
레또

TV
televisore
텔레비죠레

금고
cassaforte
카싸포르테

냉장고
frigorifero
프리고리페로

옷장
armadio
아르마디오

수도꼭지
rubinetto
루비네또

문
porta
포르타

변기
gabinetto
가비네또

샤워기
doccia
도챠

욕실
bagno
반뇨

욕조
vasca
바스카

곤란한 일이 생겼을 때 바로 사용하는 표현

샤워기가 작동하지 않습니다.
La doccia non funziona.
라 도챠 논 푼찌오나

방을 바꿔 주세요.
Vorrei cambiare camera.
보레이 캄비아레 카메라

따뜻한 물이 안 나와요.
Non esce l'acqua calda.
논 에셰 라꾸아 칼다

변기가 내려가지 않아요.
Lo scarico del gabinetto non funziona.
로 스카리코 델 가비네또 논 푼찌오나

램프에 불이 켜지지 않습니다.
La luce non si accende.
라 루체 논 씨 아첸데

방 키를 두고 왔어요.
Ho lasciato la chiave in camera.
오 라샤토 라 끼아베 인 카메라

누군가를 바로 보내 주실 수 있나요?
Può mandare qualcuno subito, per favore?
푸오 만다레 꽐꾸노 수비토 페르 파보레?

111

호텔에서 쾌적하게 지내고 싶어요.

호텔 시설 및 서비스

환전을 하고 싶어요.	**Vorrei cambiare i soldi.** 보레이 캄비아레 이 솔디 I'd like to exchange money.
식당은 어디입니까?	**Dov'è la sala da pranzo?** 도베 라 살라 다 프란쪼? Where is the dining room?
몇 시에 문을 닫습니까?	**A che ora finisce?** 아 께 오라 피니셰? What time does it close?
예약이 필요합니까?	**Bisogna prenotare?** 비소냐 프레노타레? Do I need a reservation?
아침 식사를 할 식당이 있나요?	**C'è un bar per fare colazione?** 체 운 바르 페르 파레 콜라찌오네? Is there a cafeteria for breakfast?
잠시 이 가방을 맡아 주실 수 있나요?	**Posso lasciare questo bagaglio per un po' per favore?** 포쏘 라샤레 꿰스토 바갈리오 페르 운 뽀 페르 파보레? Could you store this baggage for a while?
이 편지를 항공편으로 부탁합니다.	**Può spedire questa lettera per via aerea, per favore.** 푸오 스페디레 꿰스따 레떼라 페르 비아 아에레아 페르 파보레 Please send this letter by air mail.
한국으로 팩스를 보내고 싶습니다.	**Vorrei mandare un fax in Corea.** 보레이 만다레 운 팍스 인 꼬레아 I'd like to send a fax to Korea.
인터넷을 사용할 수 있습니까?	**Posso collegarmi ad internet?** 포쏘 콜레가르미 아드 인테르넷? Can I access the Internet in this hotel? 참고 P.138
가격이 얼만지 말씀해 주시겠습니까?	**Mi può dire il prezzo, per favore.** 미 푸오 디레 일 프레쪼 페르 파보레 How much does it cost?
방에서 WiFi를 사용할 수 있습니까?	**Posso usare WiFi in camera?** 포쏘 우자레 위피 인 카메라? Can I use WiFi in the room?

금고를 어떻게 사용하는지 설명해주실수 있나요?	**Può spiegarmi come si usa la cassaforte, per favore?** 푸오 스피에가르미 꼬메 씨 우자 라 카싸포르테 페르 파보레? Could you tell me how to use the safety deposit box?
콘센트는 어디 있습니까?	**Dov'è la presa di corrente?** 도베 라 프레자 디 코렌테? Could you tell me where the outlet is?
제 앞으로 온 메세지가 있나요?	**C'è qualche messaggio per me?** 체 꽐께 메싸쬬 페르 메? Are there any messages for me?
택시 좀 불러 주세요.	**Può chiamarmi un taxi, per favore.** 푸오 끼아마르미 운 탁씨 페르 파보레 Please get me a taxi.
이 호텔의 주소가 있는 카드를 받을 수 있을까요?	**Posso avere un biglietto con l'indirizzo di questo albergo?** 포쏘 아베레 운 빌리에또 꼰 린디리쪼 디 꿰스또 알베르고? Could I have a card with the hotel's address?
공항으로 가는 버스가 있나요?	**C'è l'autobus per andare all'aeroporto?** 체 라우토부스 페르 안다레 알라에로포르토? Is there a bus that goes to the airport?
드라이기를 사용해도 될까요?	**Posso usare un asciugacapelli?** 포쏘 우자레 운 아슈가카펠리? Can I use the dryer?
레스토랑을 예약하고 싶습니다.	**Vorrei prenotare un ristorante.** 보레이 프레노타레 운 리스토란테 I'd like to reserve a restaurant.
몸이 안 좋습니다.	**Mi sento male.** 미 센토 말레 I feel sick.
의사를 불러 주실 수 있나요?	**Mi può chiamare un medico, per favore?** 미 푸오 끼아마레 운 메디코 페르 파보레? Call a doctor, please.
옆방이 시끄럽습니다.	**La camera vicina è rumorosa.** 라 카메라 비치나 에 루모로자 It is noisy next door.
주차장을 이용해도 될까요?	**Posso usare parcheggio?** 포쏘 우자레 파르께쬬? I'd like to use the parking.

관광
맛집
쇼핑
엔터테인먼트
뷰티
호텔
교통수단
기본정보
단어장

호텔에서 쾌적하게 지내고 싶어요.

호텔에서 조식을 먹을 때

방에서 아침을 먹어도 될까요?	**Posso fare colazione in camera?**
	포쏘 파레 콜라찌오네 인 카메라?
	Can we eat breakfast in the room?

아침 <u>8시</u>에 그것을 가져다 주시겠어요?	**Mi può portare alle 8 di mattina, per favore?**
	미 푸오 포르타레 알레 오또 디 마띠나 페르 파보레?
	Please bring it at eight in the morning. 참고 P.150

빵과 커피요, 부탁합니다.	**Pane e un caffè, per favore.**
	파네 에 운 까페 페르 파보레
	I'd like some bread and coffee, please.

아침은 뷔페식인가요?	**La colazione è al buffe?**
	라 콜라찌오네 에 알 부페?
	Is breakfast a buffet style?

아침 식사는 몇 시부터입니까?	**Da che ora si fa colazione?**
	다 께 오라 씨 파 콜라찌오네?
	What time does breakfast start?

체크아웃을 합시다

체크아웃을 부탁합니다.	**Lascio la camera. Il conto, per favore.**
	라쇼 라 카메라 일 콘토 페르 파보레
	I'd like to check out, please.

<u>415실</u>의 <u>미나</u>입니다.	**Mi chiamo Mina, la mia camera è 415.**
	미 끼아모 미나 라 미아 카메라 에 꽈트로첸토퀸디치
	It's Mina in Room 415. 참고 P.150

계산서에 오류가 있는 것 같습니다.	**Mi sembra che ci sia un errore nel conto.**
	미 셈브라 께 치 씨아 운 에로레 넬 콘토
	I think there is a mistake in this bill.

저는 룸서비스를 시키지 않았습니다	**Non ho ordinato il servizio in camera.**
	논 오 오르디나토 일 세르비찌오 인 카메라
	I didn't order room service.

저는 국제 전화를 이용하지 않았습니다.	**Non ho usato un telefono internazionale.**
	논 오 우자토 운 텔레포노 인테르나찌오날레
	I didn't make any international phone calls.

미니바에서 주스 한 병을 마셨습니다.

Ho preso un succo da minibar.
오 프레조 운 수꼬 다 미니바
I had a bottle of juice from the mini bar.

참고 P.47

맡겼던 귀중품을 받길 원합니다.

Vorrei ritirare oggetti di valore dati in custodia.
보레이 리티라레 오제띠 디 발로레 다티 인 쿠스토디아
I'd like my valuables back.

방에 물건을 놓고 왔습니다.

Ho lasciato qualcosa in camera.
오 라샤토 꽐꼬자 인 카메라
I left something in my room.

신용 카드로 결제하고 싶습니다.

Vorrei pagare con la carta di credito.
보레이 파가레 꼰 라 카르타 디 크레디토
I'd like to pay by credit card.

이 신용 카드를 사용할 수 있나요?

Posso usare questa carta di credito?
포쏘 우자레 꿰스따 카르타 디 크레디토?
Do you accept this credit card?

현금으로 결제할게요.

Pago in contanti.
파고 인 콘탄티
I'd like to pay by cash.

숙박을 연장하고 싶습니다.

Vorrei stare un'altra notte.
보레이 스타레 운날트라 노떼
I'd like to extend my stay.

만족스러웠다면 이렇게

감사합니다. 아주 즐겁게 보냈습니다.
Grazie. È stato bello stare qua.
그라찌에. 에 스타토 벨로 스타레 꽈.
Thank you. I really enjoyed my stay.

도움이 되는 단어장 WORD					
		휴지	carta igienica 카르타 이제니카	음식값	prezzo del ristorante 프레쪼 델 리스토란테
		옷걸이	gruccia 그루챠	시내 전화	telefonata urbana 텔레포나타 우르바나
베개	cuscino 쿠쉬노	슬리퍼	pantofole 판토폴레	합계	totale 토탈레
시트	lenzuolo 렌쭈오로	유리컵	bicchiere 비끼에레	세금	tassa 타싸
담요	coperta 코페르타	재떨이	posacenere 포자체네레	명세서	distinta 디스틴타
배스 타월	asciugamano 아슈가마노	방값	prezzo della camera 프레쪼 델라 카메라	영수증	ricevuta 리체부타

115

입국 심사에 필요한 표현은 이렇습니다.

현지 공항에 도착하면 먼저 입국 심사를 하게 됩니다.
여권 등 필요한 것을 준비해 봅시다.

공항 aeroporto
아에로포르토

입국 심사란?

입국한 외국인
(EU이외)은 카운
터 쪽으로 가서
여권을 카운터에 제시합니다.
또 입국 심사의 경우 여행 목
적이나 체류 기간을 묻는 경우
가 있습니다.
문제가 없다면 여권에 입국 허
가 도장을 찍어 줍니다.

여권 좀 보여 주시겠습니까?
Mi fa vedere il suo passaporto?
미 파 베데레 일 수오 파싸포르토?
May I see your passport, please?

여행 목적이 무엇입니까?
Qual'è il motivo della sua visita?
꽐레 일 모티보 델라 수아 비지타?
What's the purpose of your visit?

관광입니다. / 출장입니다.
Sono turista. / Per lavoro.
쏘노 투리스타 / 페르 라보로
Sightseeing. / Business.

며칠 동안 머무르실 겁니까?
Quanto tempo sta?
꽌또 템포 스타?
How long are you going to stay?

10일 정도입니다.
Per 10 giorni.
페르 디에치 죠르니
About ten days.

참고 P.150

어디에 머무르시나요?
Dove sta?
도베 스타?
Where are you staying?

'EU 셍겐 조약
가입국'을 경유
한 경우 이탈리
아에서는 출입
국 심사를 받지
않습니다.

플라자 호텔입니다. / 친구 집입니다.
Al Plaza Hotel. / A casa di un amico.
알 플라짜 오텔 / 아 까자 디 운 아미코
Plaza Hotel. / My friend's house.

입국 절차

1 도착
공항에 도착, 안내에 따라 입국 심사대로 이동합니다. →

2 입국심사
입국한 외국인(EU 제외)은 카운터에 줄을 서고 입국 심사를 받습니다. →

3 짐 찾기
항공사, 편명을 확인하고 맡겼던 위탁 수하물을 찾습니다. →

4 세관
짐을 가지고 세관 검사대로 갑니다. 구매한 물건들의 가격이 면세 범위 이내라면 그대로 통과. 아닌 경우는 구두로라도 신고합니다. →

5 도착로비
세관을 빠져나와 게이트를 나오면 로비에 도착합니다.

환승하는 경우는

로마행 게이트가 어디입니까?
Dov'è l'uscita per Roma?
도베 루쉬타 페르 로마?
Where is the gate for Rome?

위탁 수하물을 잃어버린 경우

위탁 수하물을 잃어버린 경우는 수하물 검색대 직원에게 수하물표를 제시해 문제를 해결합니다.

제 여행 가방이 아직 도착하지 않았습니다.
Non ci sono le mie valigie ancora.
논 치 쏘노 레 미에 발리지에 안코라
My suitcase hasn't arrived yet.

찾는 대로 호텔로 갖다 주세요, 부탁합니다.
Per favore, consegnatemela in hotel appena la travate
페르 파보레 콘세냐테멜라 인 오텔 아뻬나 라 트라바테
Please deliver it to my hotel as soon as you've located it.

제 여행 가방이 파손되었습니다.
Si è rotta la valigia.
씨 에 로따 라 발리지아
My suitcase is damaged.

세관에서 수하물에 대해 물어볼 수도 있어요.

친구를 위한 선물입니다. / 개인 소지품입니다.
È il regalo per un'amica. / Sono le mie cose.
에 일 레갈로 페르 우나미까 / 쏘노 레 미에 꼬제
It's a gift for my friend. / It's my personal belongings.

도움이 되는 단어장 WORD

		짐 찾기	ritiro bagagli 리티로 바갈리	수하물 교환증	etichetta del bagaglio 에티께따 델 바갈리오
		세관	dogana 도가나	검역	quarantena 꽈란테나
도착	arrivo 아리보	면세	esenzione 에센찌오네	입국심사	controllo passaporti 콘트롤로 파싸뽀르띠
출발	partenza 파르텐짜	과세	tassazione 타싸찌오네	도착 로비	arrivo hall 아리보 올

기내에서 보다 쾌적하게 보내기 위해

여기에서는 비행기 안에서 일어날 수 있는 일을 순서대로 모아 봤습니다.
여행 가기 전부터 표현들을 익혀 비행기 안에서부터 외국인 승무원에게 말을 걸어 봐요.

기내에서

비행기에 몸을 실으면 먼저 자신의 좌석을 잘 찾습니다. 빈자리가 많은 경우 공석이 생기면 자리를 옮길 수 있는지 승무원에게 물어보고 옮깁니다.

이륙 후 기압 차이로 인해 술을 마실 경우 쉽게 취할 수 있으므로 적당히 마시는 것이 좋아요.

거긴 제 자리인 것 같아요.
Penso che lei sia al mio posto.
펜소 께 레이 씨아 알 미오 포스토
I think you are in my seat.

나폴리에서 환승해야 합니다.
Devo fare scalo a Napoli .
데보 파레 스칼로 아 나폴리
I'll connect to another flight to Naples.

몸이 안 좋습니다.
Mi sento male.
미 센토 말레
I feel sick.

모니터가 작동하지 않습니다.
Si è rotto lo schermo.
씨 에 로또 로 스께르모
The monitor is not working.

여기 제 가방을 놔둬도 될까요?
Posso mettere la mia valigia qui?
포쏘 메떼레 라 미아 발리지아 뀌?
Can I put my baggage here?

좌석을 뒤로 젖혀도 될까요?
Posso regolare il sedile?
포쏘 레골라레 일 세디레?
Can I recline my seat?

화장실이 어디 있습니까?
Dov'è il bagno?
도베 일 반뇨?
Where's the restroom?

기내 방송을 알아들을 수 있어요!

안전벨트를 착용해 주세요.
Si prega di indossare la cintura di sicurezza.
씨 프레가 디 인도싸레 라 친투라 디 씨꾸레짜.
Please fasten your seat belts.

좌석으로 돌아가 주세요.
Si prega di andare a sedersi al proprio posto.
씨 프레가 디 안다레 아 세데르씨 알 프로프리오 포스토.
Please get back to your seat.

좌석을 제자리로 돌려놔 주세요.
Si prega di tornare alla posizione originale.
씨 프레가 디 토르나레 알라 포시찌오네 오리지날레.
Please put your seat back to its original position.

테이블을 제자리로 돌려주십시오.
Si prega di portare il tavolino nella sua posizione originale.
씨 프레가 디 포르타레 일 따볼리노 넬라 수아 포시찌오네 오리지날레.
Please put your table back to its original position.

실례합니다.
Scusi.
스꾸지

뭔가 부탁하고
싶을 때는?

좌석에 있는 '승무원 호출' 버튼을 눌러 승무원을 부릅니다. 안전벨트 착용 표시등이 켜지지 않을 때는 운동 삼아 직접 부탁하러 가는 것도 좋아요.

이코노미 클래스 증후군을 예방하기 위해 기내에서 충분한 수분 섭취, 가끔씩 다리운동 등을 해 주는 것이 좋습니다.

베개와 담요 부탁합니다.
Un cuscino e una coperta, per favore.
운 쿠쉬노 에 우나 코페르타 페르 파보레
Could I have a pillow and a blanket?

춥습니다[덥습니다].
Ho freddo [caldo] .
오 프레도[칼도]
I feel cold [hot] .

오렌지 주스[맥주] 부탁합니다.
Un succo d'arancia [una birra] , per favore.
운 수꼬 다란챠[우나 비라] 페르 파보레
Orange juice [Beer] , please.

식사 시간에 깨우지 말아 주세요.
Non chiamarmi all'ora dei pasti.
논 끼아마르미 알로라 데이 파스티
Don't wake me up for the meal service.

이것 좀 치워 주시겠습니까?
Può togliere, per favore?
푸오 톨리에레 페르 파보레?
Could you take this away?

도움이 되는 단어장 WORD			
		창가 자리	posto vicino alla finestrino 포스토 비치노 알라 피네스트리노	시차	differenza di fuso orario 디페렌짜 디 푸조 오라리오
사용 중	occupato 오꾸파토	복도 자리	posto vicino al corridoio 포스토 비치노 알 코리도이오	구토	nausea 나우세아
		좌석 번호	numero del posto 누메로 델 포스토	비상구	uscita di emergenza 우쉬타 디 에메르젠짜
비어 있음	libero 리베로	현지 시간	ora locale 오라 로칼레	위생 봉투	sacco igienico 사꼬 이제니코

드디어 귀국 날입니다.

공항 **aeroporto**
아에로포르토

출발 약 2시간 전부터 체크인이 가능하므로 여유롭게 공항으로 갑시다.
현지인들과 대화를 나눌 수 있는 것도 이것이 마지막! 생각이 닿는 곳까지 이야기해 봅시다.

체크인

이용하는 항공사의 체크인 카운터에서 체크인을 합시다. 항공권과 여권을 제시하고 기내에 들고 갈 수 없는 짐은 위탁 수하물로 맡기고, 수하물표와 탑승권을 꼭 챙깁시다.

알이탈리아 항공사 카운터는 어디입니까?
Dov'è il banco dell'Alitalia?
도베 일 반코 델 알이탈리아?
Where is the Alitalia Airline counter?

체크인 부탁드립니다.
Vorrei fare check-in.
보레이 파레 체크인(테크인)
Check in, please.

제 비행기 예약을 재확인하고 싶습니다.
Vorrei riconfermare la mia prenotazione.
보레이 리콘페르마레 라 미아 프레노타찌오네
I'd like to reconfirm my flight.

제 이름은 김미나입니다.
Mi chiamo Mina Kim.
미 끼아모 미나 킴
My name is Mina Kim.

제 항공편 번호는 8월 15일, 서울행 AZ053 입니다.
Il volo è AZ053 per Seoul Il giorno, 15 agosto.
일 볼로 에 아제타제로친퀘트레 페르 세울 일 죠르노 뀐디치 아고스토
My flight number is AZ053 for Seoul on August 15th.

서둘러야 할 때는

죄송합니다. 비행기가 곧 출발해요.
Mi dispiace, non c'è tempo per partire!
미 디스피아체 논 체 템포 페르 파르티레!
I'm sorry. My flight is leaving shortly!

창가 자리[복도 자리]로 부탁합니다.
Vorrei un posto vicino al finestrino[corridoio], per favore.
보레이 운 포스토 비치노 알 피네스트리노[코리도이오] 페르 파보레
Window[Aisle] seat, please.

출국 수속

1 체크인
항공사 카운터에서 체크인. 짐 맡기기

2 세관신고
고액의 물품을 사면서 면세분을 돌려 받아야 하는 경우는 면세 카운터에서 접수를 진행합니다. 접수는 구입한 물품과 신고 서류가 필요하고 짐을 들고 타지 않는 경우는 체크인 전에 접수해야 합니다. 로마의 피우미치노 공항의 경우는 출국 심사 후에 면세 접수를 하게 되어 있습니다.

3 보안 검사
짐을 검색대에서 검사하고 게이트를 통과하며 소지품 검사도 합니다.

4 출국 심사
여권과 탑승권을 제출하고 출국 심사를 받습니다. 끝나면 출국 로비로 갑니다.

다른 비행편으로 바꿀 수 있나요?

Posso cambiare il volo?
포쏘 캄비아레 일 볼로?
Can I change the flight?

10번 게이트가 어디입니까?

Dov'è l'uscita numero 10?
도베 루시타 누메로 디에치?
Where is the gate 10?

참고 P.150

이 항공편은 예정 시간에 출발하나요?

Questo volo parte puntualmente?
꿰스토 볼로 파르테 푼투알멘테?
Will this flight leave on schedule?

얼마나 늦어집니까?

Quanto ritardo porta?
꽌또 리타르도 포르타?
How long will it be delayed?

위탁 수하물 맡기기

가위나 손톱깎이 등 칼 종류는 기내 반입이 금지되어 있으므로 위탁 수하물에 맡겨야 합니다. 또 액체류 반입에 제한 사항이 있기 때문에 화장품이나 의약품 또한 제한 대상입니다.

깨지기 쉬운 물건이 있습니다.

C'è qualcosa di fragile.
체 꽐꼬자 디 프라지레
I have a fragile item.

이것은 기내에 들고 탈 수하물입니다.

Questo è a mano.
꿰스토 에 아 마노
This is a carry-on luggage.

위탁 수하물 안에 깨지기 쉬운 물건이 있는 경우는 관계자에게 미리 말해 주세요.

짐을 맡겨도 될까요?

Posso prendere la valigia?
포쏘 프렌데레 라 발리지아?
Can I take out the luggage?

무사히 비행기에 탔습니다~!

공항에서 시내로 이동

기차 ferrovia 페로비아　　**버스** autobus 아우토부스　　**택시** taxi 탁씨

도착 후에 시내로 이동하는 방법을 몰라 머뭇거리지 말고, 모른다면 용기를 내어 사람들에게 물어봅시다. 순조롭게 이동할 수 있다면 여행의 피로도 줄어들 거예요.

기차 이용 방법

로마

피우미치노 공항(레오나르도 다빈치 공항)에서 시내까지는 공항역에서 테르미니역까지 직행하는 노선인 레오나르도 익스프레스가 있습니다.

밀라노

말펜사 국제공항에서는 공항역에서 밀라노 카도르나역까지 직행하는 노선인 말펜사 익스프레스가 있습니다.

> 카트를 찾고 있습니다.
> **Cerco un carrello.**
> 체르코 운 카렐로
> Where are the baggage carts?

> 티켓을 어디서 살 수 있나요?
> **Dove posso comprare il biglietto?**
> 도베 포쏘 콤프라레 일 빌리에또?
> Where can I buy the ticket?

> 성인으로 한 장 주세요.
> **Un biglietto per adulto, per favore.**
> 운 빌리에또 페르 아둘토 페르 파보레
> One adult, please.　　참고 P.150

> 레오나르도 익스프레스 역은 어디입니까?
> **Dov'è la fermata del Leonardo Express?**
> 도베 라 페르마타 델 레오나르도 익스프레스?
> Where is the station of the Leonardo Express?

버스 이용 방법

로마

피우미치노 공항에서 테르미니역까지 가는 셔틀버스가 있습니다. 또 기차나 셔틀버스가 가지 않는 심야에도 운행하는 심야 버스가 있어 테르미니역 북동쪽에 있는 티부르티나역에 도착합니다.

밀라노

말펜사 국제공항과 리나테 공항부터 밀라노 중앙역까지의 노선을 운행하는 셔틀버스가 있습니다.

> 시내로 가는 버스가 있나요?
> **C'è un autobus per andare in citta'?**
> 체 운 아우토부스 페르 안다레 인 치따?
> Is there an airport bus to the city?

> 팰리스 호텔로 가는 버스를 어디서 탈 수 있습니까?
> **Dove posso prendere un autobus per Palace Hotel?**
> 도베 포쏘 프렌데레 운 아우토부스 페르 팔라체 오텔?
> Where can I get the bus survice for the Palace Hotel?

> 얼마 간격으로 운행합니까?
> **Ogni quanti minuti c'è?**
> 온니 꽌띠 미누티 체?
> How often does it run?

말펜사 공항에서 리나테 공항으로 환승하는 경우는 셔틀버스나 택시로 이동합니다.

이 버스가 리나테 공항으로 갑니까?

Questo autobus va all'aeroporto di Linate?
퀘스또 아우토부스 바 알라에로포르토 디 리나테?
Does this bus go to Linate Airport?

다음 버스는 몇 시에 떠나나요?

Quanti minuti dopo c'è il prossimo autobus?
꽌띠 미누티 도포 체 일 프로씨모 아우토부스?
What time does the next bus leave?

택시 이용 방법

택시 정류장은 어디입니까?

Da dove posso prendere un taxi?
다 도베 포쏘 프렌데레 운 탁씨?
Where is the taxi stand?

이 호텔까지 가는 데 택시비가 얼마나 나오나요?

Quanto costa fino a questo albergo con il taxi?
꽌또 코스타 피노 아 퀘스또 알베르고 꼰 일 탁씨?
How much does it cost to this hotel by taxi?

'TAXI' 표시가 있는 택시정류장에서 공식 택시를 타야 합니다.

(운전사에게)팰리스 호텔에서 내리고 싶습니다.

Vorrei scendere al Palace Hotel.
보레이 셴데레 알 팔라체 오텔
I want to get off at Palace Hotel.

무사히 도착했습니다.

(운전사에게)트렁크에서 여행 가방을 내려 주시겠어요?

Può scendere la valigia, per favore?
푸오 셴데레 라 발리지아 페르 파보레?
Could you unload my suitcase from the trunk?

도움이 되는 단어장 WORD		
말펜사 익스프레스	**Malpensa Express** 말펜사 익스프레스	셔틀버스 **shuttle bus** 수플 부스
레오나르도 익스프레스	**Leonardo Express** 레오나르도 익스프레스	야간 버스 **autobus notturno** 아우토부스 노뚜르노

대중교통을 타고 이동하기

 지하철 metropolitana
메트로폴리타나

로마나 밀라노 등의 도시 중심부에는 지하철이 달리고 있습니다.
관광 명소를 효율적으로 돌아다닐 수 있답니다.

타는 곳을 찾아봅시다

지하철의 표시는 metropolitana의 'M'이 빨간 간판에 하얀 글씨로 쓰여 있습니다.

지하철의 입구는 이쪽

- 입구 계단 근처에 간판이 알아보기 쉽게 있습니다.

자동판매기

- 고장나 있거나 잔돈이 나오지 않는 경우도 있기 때문에 주의

타기 전 주의해야 할 것

차량에 표시된 도착역을 잘 확인하고 방향이나 노선이 정확한지 확인합시다. 문이 자동으로 열리는 경우와 문 옆에 있는 버튼을 눌러 수동으로 문을 여는 경우가 있습니다.

소매치기가 많으니까 항상 주의!

매표소가 어디입니까?
Dov'è la biglietteria?
도베 라 빌리에떼리아?
Where is the ticket office?

회수권을 [1일권] 사고 싶습니다.
Vorrei un blocchetto di biglietti[un biglietto].
보레이 운 블로께또 디 빌리에띠[운 빌리에또]
I'd like to have a carnet[day ticket].

시간표를 보여 주세요.
Mi fa vedere l'orario, per favore.
미 파 베데레 로라리오 페르 파보레
Can I see a schedule?

지하철 지도가 있나요?
C'è una cartina della metropolitana?
체 우나 카르티나 델라 메트로폴리타나?
Can I have a subway map?

여기서 가까운 지하철역이 어디입니까?
Dov'è la stazione della metropolitana più vicina?
도베 라 스타찌오네 델라 메트로폴리타나 퓨 비치나?
Where is the nearest subway station?

콜로세움에 가려면 어떤 역에서 내려야 합니까?
A quale stazione devo scendere per andare al Colosseo?
아 꽐레 스타찌오네 데보 셴데레 페르 안다레 알 콜로쎄오?
What station do I have to get off to go to the Colosseo?

몇 분이나 걸립니까?
Quanti minuti ci vogliono?
꽌띠 미누티 치 볼리오노?
How much time does it take?

지하철을 타는 방법은?

1 티켓을 삽니다
역 안의 티켓 판매처나 키오스크, 시내의 담배 가게(타바키) 등에서 구매할 수 있습니다. ➡

2 개찰구를 통과합니다
자동 개찰구와 티켓을 넣어야 들어갈 수 있는 수동 개찰구, 두 종류가 있습니다. ➡

3 승차
환승역의 경우 길을 잃어버리지 않도록 주의합시다. ➡

4 하차
USCITA(출구) 표시가 있는 곳으로 따라갑니다. 개찰구로 나올 때는 티켓이 필요없습니다.

내릴 때에는?

지하철 내의 방송은 알아듣기 힘드므로 몇 정거장 정도 걸리는지 미리 확인해 둡시다.

무사히 지하철을 탔습니다─!

환승해야 합니까?
Bisogna cambiare il treno?
비소냐　캄비아레　일 트레노?
Do I have to transfer?

콜로세움에 가려면 몇 호선을 타야 합니까?
Quale linee devo prendere per andare al Colosseo?
꽐레　리네 데보　프렌데레 페르 안다레 알 콜로쎄오?
Which line do I have to take to go to the Colosseo?

다음 역은 어디입니까?
Dov'è la prossima stazione?
도베　라 프로씨마　스타찌오네?
What is the next stop?

마지막 차가 몇 시입니까?
Che ora è l'ultimo treno?
께　오라 에 룰티모　트레노?
What time does the last train leave?

도움이 되는 단어장 WORD

표	biglietto 빌리에또	거스름돈	resto 레스토	소요 시간	tempo necessario 템포 네체싸리오
회수권	blocchetto di biglietti 블로께또 디 빌리에띠	개찰	controllo biglietti 콘트롤로 빌리에띠	역무원	ferroviere 페로비에레
매표소	biglietteria 빌리에떼리아	플랫폼	binario 비나리오	차장	conduttore 콘두또레
자동 발권기	distributore 디스트리부토레	안내판	asse di informazioni 아쎄 디 인포르마찌오니	환승	cambio 캄비오
		노선도	mappa delle linee 마빠 델레 리네	입구	entrata 엔트라타
		시간표	orario 오라리오	출구	uscita 우쉬타

대중교통을 타고 이동하기

이탈리아는 전국적으로 철도망이 잘 구축되어 있기 때문에 어딜 가든 편리합니다.
기차를 타며 여행의 풍경을 만끽해 봐요.

티켓을 사는 방법

티켓은 역의 티켓 판매소나 여행사 등에서 구입 가능합니다. 당일 구매의 경우 1시간 정도 여유를 두고 구매합시다.

티켓 보는 방법

출발역   도착역   좌석 등급(1등, 2등)
경유지

승차 요금   특급 요금   합계 요금
승차 인원(adulti가 성인)

왕복 티켓의 경우 여기에도 출발역, 도착역명이 쓰여 있습니다.

자동판매기

언어 변경이 해당 국가의 국기로 되어 있어서 설정하기 편합니다.

운행게시판

열차 번호, 출발 시각, 플랫폼 번호가 표시됩니다.

각인기

승차 전에 플랫폼 어귀에 있는 각인기로 각인하는 것을 잊지 맙시다(티켓을 넣어 탑승 여부를 각인).

노선도를 볼 수 있을까요?
Vorrei una cartina delle varie linee.
보레이 우나 카르티나 델레 바리에 리네
Can I have a route map?

나폴리에 가고 싶습니다.
Vorrei andare a Napoli.
보레이 안다레 아 나폴리
I'd like to go to Naples.

열차 시간을 알려 주실 수 있나요?
Può dirmi l'orario dei treni, per favore?
푸오 디르미 로라리오 데이 트레니 페르 파보레?
What time does the train leave?

토리노행 편도 표 주세요.
Vorrei un biglietto solo andata per Torino, per favore.
보레이 운 빌리에또 솔로 안다타 페르 토리노 페르 파보레
Can I have a one-way ticket to Torino?

토리노에 몇 시에 도착합니까?
A che ora arriva a Torino?
아 께 오라 아리바 아 토리노?
What time does the train arrive in Torino?

아오스타로 가는 첫 열차[마지막 열차]는 몇 시입니까?
A che ora è il primo treno[l'ultimo treno] per Aosta?
아 께 오라 에 일 프리모 트레노[룰티모 트레노] 페르 아오스타?
What time does the first[last] train to Aosta leave?

5번 플랫폼은 어디입니까?
Dov'è il binario 5?
도베 일 비나리오 친퀘?
Where is the platform No. 5 ?

참고 P.150

기차를 타는 방법은?

1 출발 플랫폼을 확인
역의 표지판에서 확인합니다. 'Bin.'칸이 출발 플랫폼을 나타냅니다.

2 티켓을 각인합니다
플랫폼 어귀에 있는 각인기에 티켓을 집어넣어 각인합니다. ESAV나 ES는 각인할 필요는 없습니다.

3 좌석을 찾습니다
좌석 예약을 하지 않은 경우는 등급을 확인하고 비어있는 자리에 앉습니다.

4 열차에서 내립니다
열차에 따라 자동으로 문이 열리지 않고 스스로 열어야 열리는 경우도 있습니다.

좌석을 찾아봅시다

한국에서처럼 지정석과 입석이 나누어져 있지 않고 예약이 되어 있지 않은 자리는 모두 자유석입니다. 호차 입구에 표시된 공석을 찾으면 됩니다.

1등석의 객실

무사히 열차에 탔습니다.

여기는 제 자리인 것 같네요.
Penso che il mio posto sia questo.
펜소 께 일 미오 포스토 씨아 꿰스또
I think this is my seat.

지금 어디쯤입니까?
Dove si trova adesso?
도베 씨 트로바 아데쏘?
Where are we now?

다음 역은 어디입니까?
Dov'è la prossima stazione?
도베 라 프로씨마 스타찌오네?
What is the next station?

제 티켓을 잃어버렸습니다.
Ho perso il biglietto.
오 페르조 일 빌리에또
I've lost my ticket.

열차의 종류

■좌석 지정 요금 등이 추가되는 고속, 특급열차
● 에우로스타 이탈리아 알타 벨로치타 (ESAV)
나폴리에서 로마, 피렌체, 밀라노를 경유하여 토리노까지 가는 고속 선로를 최고 시속 300km로 달리는 고속 열차
● 에우로스타 이탈리아 (ES)
고속 선로 이외의 선로로 달리는 고속열차로 주요 도시를 연결한다. 최고 시속은 200~300km이다.
● 프레차비앙카 (FB)
ESAV나 ES가 달리지않는 노선을 달린다.

● 인텔시티(IC)
국내 주요 도시를 달리는 특급 열차로 자유석도 있다.
● 인텔시티나이트(ICN)
IC의 야간열차

■보통요금으로 탈 수 있는 열차
● 에스프레소(E)
급행열차
● 디렉토(D)
준급행열차
● 레조날레(R)
보통 열차

■국제열차
● 유로시티(EC)
국제 고속 열차로 각국의 주요 도시를 연결하는 노선. 스위스선, 프랑스선, 독일선이 있다.
● 유로나이트(EN)
EC의 야간열차

대중교통을 타고 이동하기

버스 여행은 느긋하게 경치를 감상하고 현지 사람들과
만날 수 있는 기회가 많다는 매력이 있어요.

버스	autobus
	아우토부스

티켓을 구입해 봅시다

버스 터미널이나 버스 안에서 구입할 수 있습니다. 장거리 버스는 예약을 하는 편이 좋아요.

중거리버스

근교 도시를 연결. 또 기차가 다니지 않는 지역을 버스로 이동하는 것이 일반적입니다.

장거리버스

근교 도시를 연결하는 노선부터 장거리를 운행하는 노선까지 있습니다. 편수가 많지 않으므로 이용 시에는 사전에 확인할 것

버스를 타 봅시다

버스의 행선지는 차량 정면에 게시되어 있습니다. 잘못 타지 않도록 잘 확인합시다.

이탈리아에서는
버스 안 안내방
송이 없습니다.

콜로세움행 버스는 어디서 출발합니까?

Da dove parte l'autobus per il Colosseo?

다 도베 파르테 라우토부스 페르 일 콜로쎄오?

Where does the bus for the Colosseo leave?

어디서 티켓을 살 수 있나요?

Dove posso comprare il biglietto?

도베 포쏘 콤프라레 일 빌리에또?

Where can I buy the ticket?

버스 안에서 티켓을 살 수 있나요?

Posso comprare il biglietto sull'autobus?

포쏘 콤프라레 일 빌리에또 술라우토부스?

Can I buy the ticket in the bus?

회수권[종일권]이 있습니까?

Avete un blocchetto di biglietti[un biglietto]?

아베떼 운 블로께또 디 빌리에띠[운 빌리에또]?

I'd like to have a carnet[day ticket].

이 버스는 콜로세움에 갑니까?

Questo autobus va al Colosseo?

꿰스토 아우토부스 바 알 콜로쎄오?

Does this bus go to the Colosseo?

콜로세움에 가려면 어디서 내려야 합니까?

Per andare al Colosseo, dove devo scendere?

페르 안다레 알 콜로쎄오 도베 데보 셴데레?

At which stop do I have to get off to go to the Colosseo?

버스 노선도를 받을 수 있을까요?

Posso avere una cartina delle linee degli autobus?

포쏘 아베레 우나 카르티나 델레 리네 델리 아우토부스?

Can I have a bus route map?

여기에 가려면 몇 호선을 타야 합니까?
Da quale binario devo partire per andare qua?
다 꽐레 비나리오 데보 파르티레 페르 안다레 꽈?
Which line do I have to take to go there?

버스를 환승해야 합니까?
Bisogna cambiare l'autobus?
비소냐 캄비아레 라우토부스?
Do I have to transfer?

어디서 환승해야 합니까?
Dove devo cambiare?
도베 데보 캄비아레?
Where should I transfer?

다음 관광버스의 출발 시간을 알려 주시겠습니까?
Mi può dire a che ora parte il prossimo pullman, per favore?
미 푸오 디레 아 께 오라 파르테 일 프로씨모 풀만 페르 파보레?
Could you tell me the departure time of the next bus?

하차할 때에는
종점에서 내리는 경우에는 문제가 없지만, 도중에 정류소에서 내리는 경우는 미리 운전기사님에게 내리는 정류소를 전한 뒤에 알려 달라고 부탁해 봅시다.

콜로세움에 몇 시에 도착하는지 알려 주시겠습니까?
Può dirmi quando arriva al Colosseo, per favore?
푸오 디르미 꽌도 아리바 알 콜로쎄오 페르 파보레?
Please tell me when we arrive at the Colosseo.

여기서 내립니다.
Scendo qua.
쎈도 꽈
I'll get off here.

다음 버스 정류장은 무엇입니까?
Come si chiama la prossima fermata di autobus?
꼬메 씨 끼아마 라 프로씨마 페르마타 디 아우토부스?
What is the next bus stop?

무사히 버스를 탔습니다.

돌아오는 버스 정류장은 어디입니까?
Dov'è la fermata per il ritorno?
도베 라 페르마타 페르 일 리토르노?
Where is the bus stop for going back?

대중교통을 타고 이동하기

짐이 많을 때나 밤늦게 이동할 경우 택시는 여행하는 사람들에게 중요한 교통수단입니다. 이용 방법을 잘 알아 두고 능숙하게 타 봅시다.

택시 찾는 방법

운행 중인 택시를 잡을 수는 없습니다. 기차역의 터미널이나 광장, 번화가에 'TAXI'라는 간판이 있는 장소를 찾아 봅시다.

택시 정류장 게시판

 택시 정류장 이외의 장소에서 손님을 호객하는 택시는 타면 안됩니다!

택시에 타면

먼저 미터기가 기본요금에서 시작하는지 확인한 후 행선지를 말합시다. 또 이동 중에 정상적으로 작동하는지 확인하는 것도 중요합니다.

택시 좀 불러 주시겠어요?

Può chiamarmi un taxi, per favore?

푸오 끼아마르미 운 탁씨 페르 파보레?

Please call me a taxi.

대략 얼마 정도입니까?

Quanto costa circa?

꽌또 코스타 치르카?

How much will it be?

시간은 얼마나 걸립니까?

Quanto tempo ci vuole?

꽌또 템포 치 부올레?

How long will it take?

(주소를 보여주면서)이 주소로 가 주세요.

A questo indirizzo, per favore.

아 꿰스또 인디리쪼 페르 파보레

Take me to this address, please.

우피치 미술관으로 가 주시겠어요?

Può portarmi alla Galleria degli Uffizi, per favore?

푸오 포르타르미 알라 갈레리아 델리 우피찌 페르 파보레?

Take me to the Uffizi Museum.

서두르세요!

Ho fretta!

오 프레따!

Please hurry.

제 짐을 트렁크에 넣어 주시겠습니까?

Può mettere le mie valigie nel portabagagli, per favore?

푸오 메떼레 레 미에 발리지에 넬 포르타바갈리 페르 파보레?

Please put my luggage in the trunk.

이탈리아 택시

이탈리아 택시는 기본적으로 차체가 하얀 색이고 차 위에 'TAXI'라는 사인을 붙이고 다닙니다. 기사님은 편안한 복장을 입고 있는 경우가 많아요.

내릴 때는

목적지에 도착하면 요금을 냅니다. 요금이 다를 경우에는 차내에서 요금을 상세히 확인하고 클레임을 넣어도 됩니다.

짐이 많은 경우나 차가 많이 막히는 경우는 요금이 가산될 수 있습니다.

여기서 내려 주세요.

Può fermare qua, per favore

푸오 페르마레 꽈 페르 파보레
Please stop here.

여기서 잠시 기다려 주시겠어요?

Può aspettare qui un attimo, per favore?

푸오 아스페타레 뀌 운 아띠모 페르 파보레?
Please wait here for a minute.

얼마예요?

Quanto costa?

꽌또 코스타?
How much is it?

영수증을 받을 수 있을까요?

Posso avere la ricevuta, per favore?

포쏘 아베레 라 리체부타 페르 파보레?
Could I have a receipt?

택시 미터기와 요금이 다릅니다.

La tariffa è diversa dal tassametro.

라 타리파 에 디베르사 달 타싸메트로
The fare is different from the meter.

이탈리아 택시 활용법 & 트러블이 생겼을 때

택시 활용법

택시 정류장에서 택시를 못 잡을 경우에는 택시 회사에 전화하여 택시를 부릅니다. 식사나 쇼핑을 하고 나서 가게 앞으로 부르는 것이 편리합니다.

트러블이 생겼을 때

요금을 낼 때 트러블이 생기는 경우가 많고, 목적지까지 일부러 돌아서 가는 경우나 미터기 고장이라고 말하며 바가지요금을 씌우는 경우가 있으므로 그럴 때는 확실하게 클레임을 넣습니다.

무사히 택시를 탔습니다-!

환전은 이렇게 하세요.

화폐와 환전 valuta e cambio 발루타 에 캄비오

여행지에서 가장 중요한 것이 바로 돈. 시장 같은 곳에서는 카드를 사용하지 못하는 가게가 많아 현금을 준비해야 합니다. 입국하면 먼저 공항을 나와 호텔에서 휴식을 취하면서 사용할 예산과 돈을 준비해 봅시다.

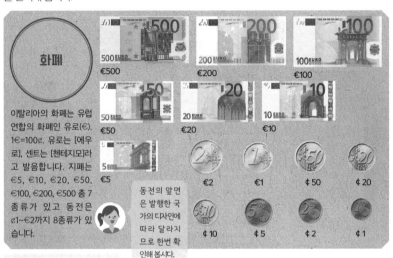

화폐

이탈리아의 화폐는 유럽연합의 화폐인 유로(€). 1€=100¢. 유로는 [에우로], 센트는 [첸테지모]라고 발음합니다. 지폐는 €5, €10, €20, €50, €100, €200, €500 총 7종류가 있고 동전은 ¢1~€2까지 8종류가 있습니다.

€500   €200   €100
€50   €20   €10
€5

동전의 앞면은 발행한 국가의 디자인에 따라 달라지므로 한번 확인해 봅시다.

¢2   ¢1   ¢50   ¢20
¢10   ¢5   ¢2   ¢1

한국에서 유로를 준비할 때

이탈리아에서 환전할 때보다 한국에서 환전할 때 환율이 더 유리하고 수수료도 적어 좋습니다. 환전은 은행이나 공항의 은행 창구에서도 가능하고 요즘은 인터넷을 통해 미리 환전을 받아 여행 직전에 수령할 수 있습니다.

현지에서 환전해야 할 경우는?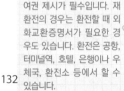

여권 제시가 필수입니다. 재환전의 경우는 환전할 때 외화교환증명서가 필요한 경우도 있습니다. 환전은 공항, 터미널역, 호텔, 은행이나 우체국, 환전소 등에서 할 수 있습니다.

환전을 어디서 할 수 있나요?
Dov'è il cambio?
도베   일 캄비오?
Where's the money exchange?

KRW를 500유로어치 환전하고 싶습니다.
Vorrei cambiare Won Coreani per 500 euro.
보레이   캄비아레   원 꼬레아니   페르 친꿰첸토 에우로
I'd like to buy 500 euros with KRW.   참고 P.150

어떻게 해 드릴까요?
Come li vuole?
꼬메   리 부올레?
How would you like it?

20유로 지폐 10장과 50유로 지폐 6장으로 주세요.
10 banconote da 20 euro e 6 banconote da 50 euro, per favore.
디에치 반코노테 다 벤티 에우로 에 쎄이 반코노테 다 친꽌타 에우로 페르 파보레
I'd like ten 20 euro bills and six 50 euro bills.   참고 P.150

이것을 유로로 바꿔 주세요.

Vorrei cambiare questi in euro.

보레이 캄비아레 꿰스티 인 에우로

Can you change this into euros?

이 여행자 수표를 현금으로 바꿔 주시겠어요?

Può cambiare questi traveller's check in contanti, per favore?

푸오 캄비아레 꿰스티 트라벨레르스 체크(체크) 인 콘탄티 페르 파보레?

I'd like to cash this traveler's check.

공항이나 역 등에 설치되어 있는 자동환전기는 24시간 이용 가능해 편리하지만 환율이 그리 좋지 않습니다. 호텔이나 공항에서 환전을 할 때도 마찬가지입니다.

이 지폐를 동전으로 바꿔 주시겠어요?

Può cambiare queste banconote in monete?

푸오 캄비아레 꿰스떼 반코노테 인 모네테?

Please change this bill into coins.

계산이 틀린 것 같습니다.

I conti non tornano.

이 콘티 논 토르나노?

I think this is incorrect.

영수증을 받고 싶습니다.

Vorrei avere la ricevuta.

보레이 아베레 차 리체부타

Could I have the receipt?

무사히 환전을
끝냈습니다-!

20유로 10장 주세요.

10 da 20 euro, per favore.

디에치 다 벤티 에우로 페르 파보레

Ten 20 euro bills, please.

참고 P.150

신용 카드로 현금 서비스를?

국제 브랜드의 신용 카드나 그 제휴 신용 카드를 사용하면 길거리 여기저기에서 볼 수 있는 ATM기에서 현금 서비스가 가능하다. 필요한 금액만큼 인출할 수 있기 때문에 여유분의 현금이 없어도 걱정이 없다.

24시간 이용 가능한 ATM기가 있기 때문에 편리하지만 노상에 위치한 ATM기나 너무 늦은 시간에 이용하는 것은 위험하다.

1. 신용 카드를 넣는다

2. '비밀번호를 눌러 주세요'

4개의 비밀번호 (PIN)를 입력

3. '인출 내용을 선택해 주세요'

현금 서비스를 원하는 경우는 'WITHDRAWAL'를 선택한다.

4. '금액을 입력해 주세요'

숫자 버튼으로 금액을 입력하고 현금 서비스의 경우는 'CREDIT'을 선택한다.

ENTER YOUR PIN NUMBER, THEN PRESS

VALIDATION
CORRECTION
ANNULATION

CHOOSE TRANSACTION

WITHDRAWAL
BALANCE ACCOUNT 잔고조회
TRANSFER 계좌이체
ANNULATION 중지

ENTER AMOUNT

20.00

FROM CREDIT 현금 서비스
FROM CHECKING 당좌예금에서
CLEAR FROM SAVINGS 예금에서

편지나 소포를 보내 봅시다.

▌우편과 배송 spedizione postale e consegna
스페디찌오네 포스탈레 에 콘쎄냐

해외에서 편지로 여행의 기분을 전하세요.
사 두었던 기념품을 소포로 보내면, 가벼운 몸으로 여행을 할 수 있겠죠?

우체국을 찾아요
노란색에 파란색 글자로 'PT/Posteitaliane'라고 쓰인 간판을 찾습니다.

우체국 간판

우체국에서
우표는 우체국 이외에 호텔, 담배 가게(타바키)에서도 살 수 있습니다.

해외 우편용 우체통

우표를 어디서 살 수 있나요?
Dove posso comprare qualche francobollo?
도베 포쏘 콤프라레 꽐께 프란코볼로?
Where can I buy some stamps?

우체국이 어디입니까?
Dove c'è un ufficio postale[una cassetta per le lettere]?
도베 체 운 우피쵸 포스탈레 [우나 카쎄따 페르 레 레떼레]?
Where is the post office?

이것을 한국으로 보내고 싶습니다.
Vorrei mandare questo in Corea.
보레이 만다레 꿰스또 인 꼬레아
I'd like to send this to Korea.

도착하는데 며칠이 걸립니까?
Quanti giorni ci vogliono per arrivare?
꽌띠 죠르니 치 볼리오노 페르 아리바레?
How long does it take to get there?

속달편으로 보내주세요.
Espresso, per favore.
에스프레쏘 페르 파보레
Can you send it express?

한국까지 얼마나 듭니까?
Quanto costa per la Corea?
꽌또 코스타 페르 라 꼬레아?
How much is the postage to Korea?

항공편은 30유로, 선편은 20유로입니다.
Costa 30 euro per via aerea, 20 euro per via mare.
코스타 트렌타 에우로 페르 비아 아에레아 벤티 에우로 페르 비아 마레
Thirty euros for air, and twenty euros for ship. 참고 P.150

짐을 부칠 때

정해진 시간 내에 빠르게 보내야할 때는 EMS가 편리합니다. 최대 30kg까지 가능하고 포장지나 상자가 필요한 경우는 문구점에서 살 수 있습니다.

국제 택배를 보낼 때

우체국과 비교해서 비싸긴 하지만, 집하를 부탁하거나 포장 자재를 구입할 수 있기 때문에 편리합니다.

무사히 보냈습니다~!

한국으로 이 짐을 부치고 싶습니다.
Vorrei spedire della merce in Corea.
보레이 스페디레 델라 메르체 인 꼬레아
I'd like to send a package to Korea.

종이 상자와 테이프 좀 주시겠어요?
Posso avere cartoni e nastro adesivo, per favore?
포쏘 아베레 카르토니 에 나스트로 아데씨보 페르 파보레?
Could I have a box and a tape?

송장 작성법 좀 알려 주시겠어요?
Mi può dire come si scrive nota, per favore?
미 푸오 디레 꼬메 씨 스크리베 노타 페르 파보레?
Could you tell me how to write an invoice?

깨지기 쉬운 물건이 있습니다.
C'è qualcosa di fragile.
체 꽐꼬자 디 프라지레
It is fragile.

주소 쓰는 방법

● 엽서나 편지의 경우

보내는 사람은 한국어라도 OK! 한국의 주소를 써도 좋습니다.

POST CARD

HONG GILDONG
PLAZA HOTEL
Milano, Italy

우표(우체국이나 호텔에서 살 수 있어요)

받는 사람은 한국어로 써도 OK

서울특별시 종로구 세종대로1
REPUBLIC OF KOREA

대문자로 쓰기 — **AIR MAIL**

대문자로 쓰기

도움이 되는 단어장 WORD		편지	lettera 레떼라	취급 주의	attenzione fragile 아뗀찌오네 프라지레
		인쇄물	stampe 스탐페	소포	pacco 파꼬
엽서	cartolina 카르토리나	깨지기 쉬운	fragile 프랄리레	담배 가게	tabacchi 타바끼

135

전화를 걸어 봅시다.

전화통화 telefono
텔레포노

레스토랑이나 에스테틱 등의 예약은 필수, 긴급한 순간에도 전화를 사용하면 편리합니다.
묵고 있는 호텔이나 한국 대사관의 번호를 알고 있으면 안심이 됩니다.

전화를 찾아봅시다

공중전화는 코인식이나 전화카드식이 있어, 역이나 바에 설치되어 있지만 고장난 경우가 많습니다. 대부분의 호텔은 객실에서 직통으로 국제전화가 가능하게 되어 있습니다.

휴대전화의 보급으로
그 수가 줄어들고 있어요.

※ 국제 전화

○다이얼 직통전화

· 한국의 일반 전화로 걸 때
(예) 서울 02-123-4567에 걸 때

호텔에서부터 걸 때,
호텔의 외선번호
     한국의 국가번호
●-00-82-2-123-4567
  ↑   ↑
국제전화 지역번호에서 첫 0을
식별번호 빼고 누른다

· 한국의 휴대전화로 걸 때
(예) 010-1234-5678로 걸 때

호텔에서부터 걸 때,
호텔의 외선번호
     한국의 국가번호
●-00-82-10-1234-5678
  ↑   ↑
국제전화 010에서 첫 0을 빼
식별번호 고 누른다

공중전화가 어디 있습니까?
Dove c'è un telefono pubblico?
도베 체 운 텔레포노 푸블리코?
Where is the pay phone?

안녕하세요, 셰라톤 호텔 맞나요?
Pronto, è l' Hotel Sheraton?
프론토 에 로텔 셰라톤?
Hello. Is this the Sheraton Hotel?

<u>1102호의 김미나</u> 씨와 통화할 수 있을까요?
Posso parlare con la Signora Mina Kim, camera 1102, per favore?
포쏘 파를라레 꼰 라 씨뇨라 미나 킴 카메라 밀라 첸또두에 페르 파보레?
May I speak to Ms. Mina Kim in room 1102?   참고 P.150

잠시만 기다려 주세요.
Aspetti un attimo.
아스페띠 운 아띠모
Just a moment, please.

메시지를 남겨도 될까요?
Posso lasciare un messaggio?
포쏘 라샤레 운 메싸쬬?
Can I leave a message?

나중에 다시 전화할게요.
Richiamo più tardi.
리끼아모 퓨 타르디
I'll call again later.

그녀에게 <u>김지원</u>씨가 전화했다고 전해 주세요.
Per favore ditele che ha telefonato Jiwon Kim.
페르 파보레 디테레 께 아 텔레포나토 지원 킴
Please tell her that Jiwon Kim called.

○ 국제 전화 회사의 서비스를 이용한다

신용 카드나 전용 카드를 사용해 한국에 있는 국제 전화 서비스를 이용합니다(각 통신사 별 로밍을 활용하는 것도 좋은 방법).

※ 국내 전화

이탈리아는 무조건 상대방의 지역 번호를 누르고 전화를 겁니다
(같은 도시 내에서 전화를 걸 때도 해당).

휴대 전화를 이용할 때

한국의 휴대 전화를 해외로밍으로 사용하는 것이 가능하지만 가격대가 비싸 요금 폭탄을 맞는 경우도 있습니다. 휴대 전화를 렌탈하거나 프리페이드식 SIM카드를 구입해 이용하는 것을 추천합니다.

또 와이파이가 가능한 지역에서는 와이파이 내장의 휴대 전화나 PD로 스카이프나 인터넷 전화 서비스를 이용하는 것이 좋습니다. 한국 통신사의 휴대 전화를 사용하는 경우 반드시 설정에 해외 로밍 기능을 꺼두는 것을 잊지 마세요.

무사히 전화를
끝냈습니다-!

한국에서 이탈리아로 국제전화를 걸 때는?

001 + 39 + 상대방 번호

국제전화 이탈리아 상대방 번호
식별번호 국가 번호

조금만 천천히 말씀해 주시겠어요?
Può parlare più lentamente, per favore?
푸오 파를라레 퓨 렌타멘테 페르 파보레?
Could you speak more slowly?

죄송합니다, 잘못 전화했네요.
Scusi, mi sono sbagliato.
스쿠지 미 쏘노 스발리아토
I'm sorry. I have the wrong number.

휴대폰을 대여하고 싶습니다.
Mi può prestare il cellulare, per favore?
미 푸오 프레스타레 일 첼룰라레 페르 파보레?
I'd like to rent a cell phone.

100유로의 전화 카드로 주세요.
Posso avere una scheda telefonica da 100 euro?
포쏘 아베레 우나 스께다 텔레포니카 다 첸토 에우로?
100 euro phone card, please.

수신자 부담 전화로 한국에 전화하고 싶습니다.
Vorrei fare una telefonata a carico del destinatario in Corea.
보레이 파레 우나 텔레포나타 아 카리코 넬 데스티나타리오 인 꼬레아
I'd like to make a collect call to Korea.

이 휴대폰으로 전화할 수 있습니까?
Posso fare una chiamata da questo telefono?
포쏘 파레 우나 끼아마타 다 꿰스또 텔레포노?
Can I make a call on this phone?

한국어를 할 수 있는 사람이 있습니까?
C'è qualcuno che parla coreano?
체 꽐꾸노 께 파를라 꼬레아노?
Is there anyone who speaks Korean?

137

인터넷을 사용해 봅시다.

현지에서 정보를 얻을 때도, 통신 수단으로도
여행지에서 인터넷을 이용하는 것을 빠뜨릴 순 없죠!

인터넷을 이용하려면?

●호텔의 시설을 이용
호텔에 따라 객실에서 LAN이나 WIFI 접속이 가능합니다. 또 투숙객이 이용 가능한 PC가 로비에 설치되어 있는 경우도 있습니다. 호텔 예약 시 확인해 보세요.

●인터넷 카페(PC방)
이탈리아에는 인터넷 카페가 많이 있지만 PC에서 한국어를 사용할 수 없는 경우가 많으므로 사전에 확인해야 합니다.

●WIFI 사용하기
무선 WIFI를 도입한 카페가 늘고 있고, 음료 등을 주문하면 무료로 WIFI에 접속할 수 있습니다. 무료 WIFI를 사용할 수 있는 곳도 있지만 이용하기 전에 등록은 필수입니다.

스마트폰은 전원을 켜는 것만으로도 자동으로 데이터를 보내 모르는 사이에 고액의 요금이 책정되는 경우가 있어 사전에 설정을 잘 해야 합니다.

이 호텔에서 인터넷을 사용할 수 있습니까?
Posso usare internet in questo albergo?
포쏘   우자레 인테르넷   인 퀘스토 알베르고?
Can I use the Internet in this hotel?

근처에 인터넷 카페가 있습니까?
C'è internetcafe qui vicino?
체   인테르넷카페   퀴 비치노?
Is there an Internet café around here?

제가 가져온 컴퓨터를 연결할 수 있습니까?
Posso collegarmi col computer che ho portato?
포쏘   꼴레가르미 꼴 콤푸테르   께 오 포르타토?
Can I use my own PC?

1 시간 당 얼마입니까?
Quanto costa per 1 ora?
꽌또   코스타 페르 운 오라?
How much is it for an hour?
참고 P.150

한국어 설정을 할 수 있습니까?
C'è in Coreano?
체   인 꼬레아노?
Can this PC display Korean characters?

무료 와이파이가 있습니까?
Avete WiFi gratis?
아베떼 위피 그라티스?
Do you have a free WiFi service?

랜 케이블을 빌려주시겠습니까?
Mi può prestare un cavo LAN, per favore?
미 푸오 프레스타레 운 카보   란 페르 파보레?
Do you have a LAN cable?

인터넷을 사용할 때는 신분증을 제시해요

이탈리아에서는 테러 방지 대책의 일환으로 외부에서 인터넷 환경을 이용하는 경우 신분증을 제시하는 것이 필수입니다. 인터넷 카페 등을 이용할 때에도 여권을 지참해 주세요.

컴퓨터
personal computer

중요한 기기들을
이탈리아어 명칭으로
소개합니다.

프린터
stampante
스탐판테

모니터
schermo
스께르모

WiFi
WiFi
위피

키보드
tastiera
타스티에라

마우스
mouse
모우세

문제 발생 시 바로 사용할 수 있는 표현

LAN[WiFi]접속이 잘 되지 않습니다.
봐 주시겠어요?
Non riesco a collegarmi LAN[WiFi].
Puo' controllare?
논 리에스코 아 콜레가르미 란[위피]
푸오 콘트롤라레?

마우스 상태가 좋지 않습니다.
Il mouse non funziona tanto bene.
일 모우세 논 푼찌오나 탄토 베네

고장났어요.
È bloccato.
에 블로까토

기본 회화

관광

맛집

쇼핑

엔터테인먼트

뷰티

호텔

교통수단

기본 정보

단어장

139

긴급 상황·트러블에 대비하자.

여행지에서 어떤 일이 일어날지 몰라요.
위험한 일이 생겼을 때 대처하기 위해 여기 있는 표현들을 꼭 알아둡시다.

도움을 요청할 때

도와주세요!
Aiuto!
아이우토!
Help me!

멈춰요!
La smetta!
라 스메따!
Stop it!

저랑 같이 가요!
Venga con me!
벤가 꼰 메!
Come with me!

들어 봐요!
Senta!
센타!
Listen!

경찰을 불러 주세요!
Chiamate la polizia!
끼아마떼 라 폴리찌아!
Call a police!

도둑이야!
Al ladro!
알 라드로!
Thief!

그[그녀]를 잡아!
Prendilo[Prendila]!
프렌디로[프렌디라]!
Catch that man[woman]!

누구 없어요?
Qualcuno!
꽐꾸노!
Somebody!

가진 돈이 없어요.
Non ho soldi.
논 오 솔디
I don't have any money.

이게 전부예요.
Questo è tutto.
꿰스또 에 투또
That's all.

죽이지 말아 주세요!
Non mi ammazzare!
논 미 암마짜레!
Don't kill me!

나가!
Vai via! ／ Vattene!
바이 비아! ／ 바떼네!
Get out!

의사를 불러 주세요!
Chiamate il dottore!
끼아마테 일 도또레!
Call a doctor!

경고할 때

움직이지 마!
Non ti muovere!
논 티 무오베레!
Don't move!

멈춰!
Fermati!
페르마티!
Stop!

돈 내놔!
Dammi i soldi!
담미 이 솔디!
Give me the money!

조용히 해!
Stai zitto!
스타이 지또!
Be quiet!

손 올려!
Alza le mani!
알짜 레 마니!
Hands up!

숨어!
Nasconditi!
나스콘디티!
Hide!

짐을 넘겨!
Dammi i bagagli.
담미 이 바갈리
Give me your bags.

분실, 도난 시

여권을 잃어버렸어요.
Ho perso il passaporto.
오 페르조 일 파싸포르토
I lost my passport.

여기로 전화해 주세요.
Chiamate qui, per favore.
끼아마테 꿔 페르 파보레
Call here.

한국어를 할 수 있는 분이 있나요?
C'è qualcuno che parla coreano?
체 꽐꾸노 께 파를라 꼬레아노?
Is there anyone who speaks Korean?

가방[지갑]을 도둑맞았어요.
Mi hanno rubato la borsa [il portafoglio] .
미 안노 루바토 라 보르사 [일 포르타폴리오]
I had my bag[purse] stolen.

한국 대사관은 어디입니까?
Dov'è l'ambasciata coreana?
도베 람바샤타 꼬레아나?
Where is the Korean Embassy?

긴급 상황·트러블에 대비하자.

분실, 도난 시

경찰에 신고하고 싶습니다.

Vorrei consegnare alla polizia.
보레이 콘세냐레 알라 폴리찌아
I'd like to report it to the police.

분실 증명서를 만들어 주시겠어요?

Mi può fare un documento per la denuncia di furto, per favore?
미 푸오 파레 운 도쿠멘토 페르 라 데눈챠 디 푸르토 페르 파보레?
Could you make out a report of the theft?

제 가방을 찾지 못했습니다.

Non ho trovato il mio bagaglio.
논 오 트로바토 일 미오 바갈리오
I can't find my baggage.

어디서 잃어버렸는지 잘 모르겠어요.

Non so dove ho lasciato.
논 소 도베 오 라샤토
I'm not sure where I lost it.

어디에 신고해야 하나요?

Dove devo consegnare?
도베 데보 콘세냐레?
Where should I report to?

저기 분실물 센터에 신고하세요.

Può consegnare a quello ufficio oggetti smarriti, per favore?
푸오 콘세냐레 아 퀠로 우피쵸 오제띠 스마리티 페르 파보레?
Please report to lost-and-found over there.

그것을 찾는 대로 호텔로 가져다 주세요.

Appena la trova, può portarmela all'albergo, per favore.
아뻰나 라 트로바 푸오 포르타르멜라 알랄베르고 페르 파보레
Please bring it to my hotel as soon as you find it.

택시에 가방을 두고 왔어요.

Ho lasciato la borsa in taxi.
오 라샤토 라 보르사 인 탁씨
I left my bag in the taxi.

여기에 두었던 카메라가 없어졌습니다.

Ho perso la macchina fotografica che ho lasciato qui.
오 페르소 라 마끼나 포토그라피카 께 오 라샤토 뀌
I left my camera here and now it's gone.

도움이 되는 단어장 WORD		전화	telefono 텔레포노	한국 대사관	ambasciata del Corea 암바샤타 델 꼬레아
		돈	soldi 솔디	여권	passaporto 파싸포르토
경찰	polizia 폴리찌아	주소	indirizzo 인디리쪼	소매치기	borseggiatore 보르세쨔토레
구급차	ambulanza 암불란짜	여행자 수표	traveller's check 트라벨레르스 첵크	보안계	forza pubblica 포르짜 푸블리카
분실	perdita 페르디타	신용 카드	carta di credito 카르타 디 크레디토	보험 회사	compagnia di assicurazioni 콤파냐 디 아씨쿠라찌오니

memo

신용 카드 분실 시 신고서

항공 회사

호텔

해외 여행 보험

한국어 가능한 의료 기관

memo

143

긴급 상황·트러블에 대비하자.

아픈 기운, 부상

몸이 안 좋습니다.
Mi sento male.
미 센토 말레
I feel sick.

현기증이 납니다.
Ho un capogiro.
오 운 카포지로
I feel dizzy.

열이 있는 것 같습니다.
Ho la febbre.
오 라 페브레
I think I have a fever.

두통이 있습니다.
Ho mal di testa.
오 말 디 테스타
I have a headache.

토할 것 같습니다.
Ho la nausea.
오 라 나우세아
I feel nauseous.

배가 아픕니다.
Ho mal di pancia.
오 말 디 판챠
I have a stomachache.

제 혈액형은 B[A/AB/O]형입니다.
Il mio sangue è gruppo B[A／AB／O].
일 미오 산궤 에 그루뽀 비[아／아비／오]
My blood type is B[A ／ AB ／ O].

진단서를 받을 수 있을까요?
Il certificato, per favore.
일 체르티피카토 페르 파보레
Can I have a medical certificate?

발목을 삐었습니다.
Ho preso una storta alla caviglia.
오 프레조 우나 스토르타 알라 카빌리아
I sprained my ankle.

손을 데었어요.
Mi sono bruciato la mano.
미 쏘노 브루챠토 라 마노
I burned my hand.

치통이 있습니다.
Ho mal di denti.
오 말 디 덴티
I have a toothache.

팔이 부러진 것 같습니다.
Penso di essermi rotto un braccio.
펜소 디 에쎄르미 로또 운 브라쵸
I think I broke my arm.

칼에 손가락을 베였어요.
Mi sono tagliato un dito con il coltello.
미 쏘노 탈리아토 운 디토 꼰 일 콜텔로
I cut my finger with a knife.

머리	testa 테스타
관자놀이	tempia 템피아
이마	fronte 프론테
볼	guancia 관챠
눈	occhio 오끼오
귀	orecchio 오레꾜
코	naso 나조
치아	dente 덴테

턱	mascella 마셸라
목	collo 콜로
목구멍	gola 골라

어깨	spalla 스팔라
가슴	petto 페또
배	ventre 벤트레
팔	braccio 브라쵸
팔꿈치	gomito 고미토
손	mano 마노
손목	polso 폴소
손가락	dito 디토
손톱	unghia 운기아
등	schiena 스끼에나
겨드랑이	ascella 아셸라
피부	pelle 펠레
아랫배	basso ventre 바쏘 벤트레
명치	bocca dello stomaco 보까 델로 스토마코
배꼽	ombelico 옴벨리코
허리	reni 레니
엉덩이	sedere 세데레
음부	parti deboli 파르티 데보리

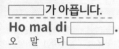

⬜️가 아픕니다.
Ho mal di ⬜️.
오 말 디 ⬜️

발	piede 피에데
허벅지	coscia 코스챠
무릎	ginocchio 지노꾜
정강이	gambe 감베
종아리	polpaccio 폴파쵸
발목	caviglia 까빌리아
발바닥	punta del piede 푼타 델 피에데
발뒤꿈치	tallone 탈로네

도움이 되는 단어장 WORD					
		두통	mal di testa 말 디 테스타	치통	mal di denti 말 디 덴티
		감기	raffreddore 라프레또레	오한	brivido di freddo 브리비도 디 프레도
약	medicina 메디치나	골절	frattura 프라뚜라	상처	ferita 페리타
설사	diarrea 디아레아	염좌	storta 스토르타	현기증	capogiro 카포지로

145

한국을 소개해 봅시다.

여행지에서 친해진 외국 사람들에게 그 나라 말로 한국을 소개해 봅시다.

┌─────────┐
│   │ 는 한국에서 매우 인기 있는 요리입니다.
└─────────┘

┌─────────┐
│   │ è un piatto molto popolare in Corea.
└─────────┘

┌─────────┐
└─────────┘ 에 운 피아또 몰또 포폴라레 인 꼬레아.

Point

여행지에서 사람들이 한국에 대해 물어볼 수 있어요.
그럴 땐 조금이라도 한국을 소개해 준다면 좋아할 거예요. 먼저 음식부터!

김밥 Kimbab 김밥 | 김밥은 밥 위에 각종 재료를 얹고 김으로 말아서 먹는 음식입니다.

Kimbab è un cibo che viene mangiato mettendo vari ingredienti nel riso e poi
김밥   에 운 치보 께 비에네 만쟈토   메멘도   바리 인그레덴띠 넬 리조에 포이
ripiegando dalla alga.
리피에간도 달라 알가

불고기 Bulgogi 불고기 | 간장과 설탕으로 만든 소스에 소고기와 각종 야채를 볶아서 만든 음식입니다.

Bulgogi è un cibo che mette la braciola mescolato con varie verdure e salsa di
불고기   에 운 치보 께 메떼 라 브라쫄라 메스콜라토 꼰 바리에 베르두레 에 살사 디
soia e zucchero.
소이아 에 주께로

비빔밥 Bibimbap 비빔밥 | 밥 위에 다양한 재료를 올리고 고추장 소스와 함께 비벼 먹는, 색이 다채로운 음식입니다.

Bibimbap è un alimento colorato che si mangia sollevando vari ingredienti sul
비빔밥   에 운 알리멘토 콜로라토 께 씨 만쟈 솔레반도 바리 인그레디엔티 술
riso e mescolando con la salsa di peperoncino.
리조 에 메스콜란도   꼰 라 살사 디 페페론치노

김치 Kimchi 김치 | 채소를 소금에 절인 뒤 여러 가지 양념에 버무린 한국의 가장 대표적인 음식입니다.

kimchi è un cibo più tipico della Corea, che viene insaporito dopo aver salato le
김치   에 운 치보 쀼 티피코 넬라 꼬레아 께 비에네 인사포리토 도보 아베르 살라토 레
verdure.
베르두레

삼계탕 Samgyetang 삼계탕 | 닭과 인삼을 함께 오래 끓여서 먹는 한국 전통 음식입니다.

Samgyetang è un cibo tradizionale coreano che si mangia facendo bollire pollo
삼계탕   에 운 치보 트라디찌오날레 꼬레아노 께 씨 만쟈 파첸도 볼리레 폴로
per molto tempo e ginseng.
페르 몰또 템포 에 진셍

는 한국에서 매우 인기 있는 관광지입니다.

                è un/una destinazione turistica molto popolare in Corea.

                에 운/ 우나 데스티나찌오네 뚜리스띠카 몰또 포폴라레 인 꼬레아.

> **Point** 한국의 지명과 관광지는 대부분 한국어 발음 그대로 알려줘도 괜찮기 때문에 소개하기 편합니다. 소개할 장소가 어떤 곳인지를 알아 두어야겠죠?

명동 Myeongdong 명동 | 명동은 서울의 대표적인 쇼핑 거리로, 다양한 상점들이 있습니다.

Myeongdong è una strada commerciale tipica di Seul, con una varietà di negozi.
명동   에 우나 스트라다 꼼메르찰레   티피카 디 세울, 꼰   우나 바리에타 디 네고찌

한강 공원 Parco del fiume Han 파르코 델 피우메 한 | 한강은 서울에 있는 큰 강으로, 공원에서 다양한 체험을 할 수 있습니다.

Il fiume Han è un grande fiume a Seul, dove si possono provare varie esperienze
일 피우메 한   에 운 그란데   피우메 아 세울, 도베 씨 포쏘노   프로바레 바리에 에스페리엔쩨
nel parco.
넬 파르코

인사동 Insadong 인사동 | 서울에서 가장 한국적인 모습을 가지고 있는 곳입니다.

Insadong è il posto più coreano di Seul.
인사동   에 일 포스토 뷰   꼬레아노 디 세울

제주도 L' isola di Jeju 리졸라 디 제주 | 한국에서 가장 큰 섬으로, 다양한 문화 활동을 할 수 있습니다.

L'isola di Jeju è l'isola più grande della Corea e offre varie attività culturali.
리졸라 디 제주 에 리졸라 뷰   그란데   델라   꼬레아 에 오프레 바리에 아띠비타 쿨투라리

부산 Busan 부산 | 한국에서 두 번째로 큰 도시로, 바다를 즐길 수 있습니다.

Busan è la seconda città più grande della Corea e possono godere del mare.
부산   에 라 세콘다   치따 뷰   그란데   델라   꼬레아 에 포쏘노   고데레   델 마레

147

한국을 소개해 봅시다.

> [_____] 는 한국의 전통문화입니다.
>
> [_____] è la cultura tradizionale coreana.
>
> [_____] 에 라 쿨투라 트라디찌오날레 꼬레아나.

Point 전통문화를 소개하는 것은 조금 어려울 수도 있지만 제스처로 설명해 주면서 상대방에게 알려 준다면 더 좋아하겠죠?

한복 Hanbok 한복 | 한국의 전통적인 의상으로 남자는 저고리와 바지, 여자는 저고리와 치마를 입습니다.

Hanbok è un costume tradizionale coreano, un uomo indossa la giacca coreana e
한복   에 운 코스투메   트라디찌오날레 꼬레아노 운 ˊ우오모 인도싸   라 쟈까   꼬레아나 에
i pantaloni, una donna la giacca coreana e la gonna.
이 판타로니,   우나 돈나   라 쟈까   꼬레아 에 라 곤나

사물놀이 Samul Nori 사물 놀이 | 북, 장구, 징, 꽹과리로 하는 전통 음악 놀이입니다.

Samul Nori è un gioco di musica tradizionale coreano con un tamburo, un
사물   노리 에 운 죠꼬 디 무지카   트라디찌오날레 꼬레아노 꼰 운 탐부로   운
tamburo a testa doppia stretto al centro, un tam-tam, un gong.
탐부로   아 테스타 도삐아 스트레또 알 첸트로, 운 탐-탐,   운 공

판소리 Pansori 판소리 | 노래와 이야기로 이루어진 한국의 민속 음악입니다.

Pansori è una musica popolare coreana compòsto di canzoni e storie.
판소리 에 우나 무지카   포포라레   꼬레아나 콤포스토   디 칸쪼니 에 스토리에

태권도 Taekwondo 태권도 | 손과 발을 이용한 한국의 전통 무예입니다.

Taekwondo è un arte marziale tradizionale coreana che utilizza mani e piedi.
태권도   에 운 아르테 마르찌아레 트라디찌오날레 꼬레아나 께 우틸리짜   마니 에 피에디

한글 Hangeul 한글 | 한국을 대표하는 문자입니다.

Hangeul è una lettera rappresentativa di Corea.
한글   에 우나 레떼라 라쁘레젠타티바   디 꼬레아

한국의 인구는 5200만 정도입니다(2020년 기준)	**La popolazione della Corea è di circa 52 milioni abitanti. (criterio del 2020)**
	라 포포라찌오네 델라 꼬레아 에 디 치르까 친콴타두에 밀리오니 아비탄티(크리테리오 델 두에밀라벤띠티)
	Population of South Korea is estimated at 52 million (2020).

한국의 수도는 서울입니다.	**Seul è la capitale della Corea.**
	세울 에 라 카피탈레 델라 꼬레아
	The capital of South Korea is Seoul.

여름이 되면, 한국에는 비가 많이 내립니다.	**In estate piove molto in Corea.**
	인 에스타테 피오베 몰또 인 꼬레아
	During the summer time, it rains a lot in Korea.

남산 서울 타워는 한국의 관광 명소입니다.	**Namsan Seul Tower è un posto turistico coreano.**
	남산 세울 토웨르 에 운 포스토 투리스티코 꼬레아노
	Namsan Seoul Tower is a tourist attraction in Korea.

BTS는 한국의 유명한 아이돌 그룹입니다.	**BTS è il famoso idol gruppo della Corea.**
	비티에쎄 에일 파모조 이돌 그루뽀 델라 꼬레아
	BTS is a famous Korean idol group.

한글은 세종대왕이 만든 한국 고유의 글자입니다.	**Hangeul è una lettera singola coreana creata dal re Sejong.**
	안글 에 우나 레떼라 씬골라 꼬레아나 크레아타 달 레 세종
	Hangeul is an intrinsic Korean writing system created by King Sejong.

서울은 산이 많아서 등산을 즐길 수 있습니다.	**Ci sono molte motagne a Seul, quindi pùo spesso andare alla montagna.**
	치 쏘노 몰떼 몬타네 아 세울 뀐디 푸오 스페쏘 안다레 알라 몬타냐
	Seoul is surrounded by a mountainous landscape that allows hiking experience

한국은 전세계에서 유일한 분단 국가입니다.	**La Corea è la nazione divisa unica in tutto il mondo.**
	라 꼬레아 에 라 나찌오네 디비자 우니카 인 뚜또 일 몬도
	Korea is the only divided country in the world.

김치는 발효 식품으로, 다양한 종류가 있습니다.	**Kimchi è un alimento fermentato ed è vario.**
	김치 에 운 알리멘토 페르멘타토 엔 에 바리오
	Kimchi is a fermented food, and there are numerous kinds.

대중교통 환승을 무료로 이용할 수 있습니다.	**Pùo spendere trasferimento di trasporto pubblico gratis.**
	푸오 스펜데레 트라스페리멘토 디 트라스포르토 푸쁠리코 그라티스
	Transferring Public transportation is free.

한국은 어디에서나 인터넷을 이용할 수 있습니다.	**In Corea, internet è disponibile dovunque.**
	인 꼬레아 인테르넷 에 디스포니빌레 도분꿰
	Internet access is possible anywhere in Korea.

한국에서는 늦은 시간까지 음식점이 열려 있습니다.	**In Corea, i ristoranti sono in operazione fino a tardi.**
	인 꼬레아 이 리스토란티 쏘노 인 오페라찌오네 피노 아 타르디
	In Korea, the restaurants are open late at night.

기본 단어를 자유자재로 써 봅시다.

숫자, 월, 요일이나 시간 등 어떤 상황에도 필요한 기본적인 단어는 사전에 알아둔다면 여행지에서 아주 편리합니다.

숫자

0	1	2	3	4
zero	uno	due	tre	quattro
제로	우노	두에	뜨레	꽈뜨로
5	**6**	**7**	**8**	**9**
cinque	sei	sette	otto	nove
친꿰	쎄이	쎄떼	오또	노베
10	**11**	**12**	**13**	**14**
dieci	undici	dodichi	tredici	quattordici
디에치	운디치	도디치	뜨레디치	꽈또르디치
15	**16**	**17**	**18**	**19**
quindici	sedici	diciassette	diciotto	diciannove
뀐디치	세디치	디챠쎄떼	디쵸또	디챠노베
20	**21**	**22**	**30**	**40**
venti	ventuno	ventidue	trenta	quaranta
벤티	벤투노	벤티두에	뜨렌따	꽈란따
50	**60**	**70**	**77**	**80**
cinquanta	sessanta	settanta	settantasette	ottanta
친꽌따	세싼따	세딴따	세딴따쎄떼	오딴따
88	**90**	**100**	**1000**	**10000**
ottantotto	novanta	cento	mille	diecimila
오딴또또	노반따	첸또	밀레	디에치밀라
10만	**100만**	**2배**	**3배**	
cento mila	un milione	doppio	triplo	
첸또밀라	운 밀리오네	도삐오	트리플로	
첫 번째	**두 번째**		**세 번째**	
primo	secondo		terzo	
프리모	세콘도		테르쪼	

이탈리아어 숫자의 기본

◆21,31 …은 모음이 겹치므로 ventuno, trentuno, …가 됩니다.
◆sessanta(60)과 settanta(70)는 모양이 닮아서 헷갈릴 수 있으니 주의합니다.
◆시간을 나타내는 숫자는 앞에 정관사인 le를 붙입니다.

월, 계절

1월	2월	3월	4월
gennaio	**febbraio**	**marzo**	**aprile**
젠나이오	페쁘라이오	마르쪼	아프릴레
5월	6월	7월	8월
maggio	**giugno**	**luglio**	**agosto**
마쬬	쥬뇨	룰리오	아고스토
9월	10월	11월	12월
settembre	**ottobre**	**novembre**	**dicembre**
세뗌브레	오또브레	노벰브레	디쳄브레
봄	여름	가을	겨울
primavera	**estate**	**autunno**	**inverno**
프리마베라	에스타테	아우투노	인베르노

2월 9일에 한국으로 돌아갑니다.	**Torno in Corea il giono 9 di Febbraio.**
	토르노 인 꼬레아 일 죠르노 노베 디 페쁘라이오
	I'm going back to Korea on February 9th.

요일

일요일	월요일	화요일	수요일	목요일	금요일	토요일
domenica	lunedì	martedì	mercoledì	giovedì	venerdì	sabato
도메니카	루네디	마르테디	메르콜레디	죠베디	베네르디	사바토

평일	휴일
giorno feriale	giorno festivo
죠르노 페리알레	죠르노 페스티보

오늘[내일, 어제]은 며칠인가요?	**Che giorno è oggi [è domani / era ieri] ?**
	께 죠르노 에 오찌 [에 도마니 / 에라 이에리]?
	What day is it today [tommorow] ? [What day was it yesterday?]

오늘[내일, 어제]은 월요일입니다.	**Oggi è [Domani è / Ieri era] lunedi.**
	오찌 에 [도마니 에 / 이에리 에라] 루네디
	It is Monday today [tommorow] . [It was Monday yesterday.]

151

기본 단어를 자유자재로 써 봅시다.

때

아침	낮	밤	저녁	오전
mattina	giorno	sera	notte	mattina
마띠나	죠르노	세라	노떼	마띠나
오후	**어제**	**오늘**	**내일**	**모레**
pomeriggio	ieri	oggi	domani	dopodomani
포메리쬬	이에리	오찌	도마니	도포도마니
1일 전	**2일 후**		**3번째의**	
un giorno fa	fra due giorni		terzo	
운 죠르노 파	프라 두에 죠르니		테르쬬	

시간

시간	분	30분	분 전[후]
ora	minuto	mezzo／trenta	meno[dopo]
오라	미누토	메쪼 / 트렌타	메노[도포]

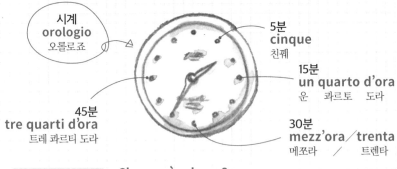

시계
orologio
오롤로죠

5분
cinque
친꿰

15분
un quarto d'ora
운 콰르토 도라

45분
tre quarti d'ora
트레 콰르티 도라

30분
mezz'ora／trenta
메쪼라 / 트렌타

지금 몇 시인가요?	**Che ora è adesso?** 께 오라 에 아데쏘? What time is it now?
몇 시에 시작하나요?	**A che ora inizia?** 아 께 오라 이니찌아? What time does it begin?

| 8시 20분 | **le otto e venti**
레 오또 에 벤티
eight twenty | 어제 11시 | **le undici di ieri**
레 운디치 디 이에리
yesterday at eleven |

| 9시 30분 | **le nove e mezzo**
레 노베 에 메쪼
nine thirty | 10시 5분 전 | **le dieci meno cinque**
레 디에치 메노 친꿰
five to ten |

| 오전 11시 | **le undici di mattina**
레 운디치 디 마띠나
eleven a.m. | 15분 후 | **quindici minuti dopo**
뀐디치 미누티 도포
fifteen minutes later |

측량 단위의 차이

°길이

미터	인치	피트	야드	마일
1	39.37	3.28	1.094	0.00062
0.025	1	0.083	0.028	0.0000158
0.305	12	1	0.333	0.000189
0.914	36	3	1	0.000057
1609.3	63360	5280	1760	1

°무게

그램	킬로그램	온스	파운드
1	0.001	0.035	0.002
1000	1	35.274	2.205
28.3495	0.028	1	0.0625
453.59	0.453	16	1

°부피

cc	리터	쿼트	갤런(미국)
1	0.001	0.0011	0.00026
1000	1	1.056	0.264
946.36	0.946	1	0.25
3785.4	3.785	4	1

°속도

킬로	마일	노트	킬로	마일	노트
10	6.2	5.4	60	37.3	32.4
20	12.4	10.8	70	43.5	37.8
30	18.6	16.2	80	49.7	43.2
40	24.9	21.6	90	55.9	48.6
50	31.1	27.0	100	62.1	54.0

쑥쑥 이탈리아어 강좌

Lesson 문법

이탈리아어는 명사에 남성형과 여성형이 있어 관사의 변화가 있고, 세세한 부분까지 외우지 않으면 의미를 확실하게 전달하지 못하는 경우도 있습니다. 그러나 관광 여행에서 어려운 문법을 사용해 의사소통을 할 필요까지는 없습니다. 딱딱한 표현일지라도 상대방에게 자신의 의사를 전달하려고 하는 마음과 약간의 배짱이 필요할지도 몰라요.

1. 이탈리아어의 알파벳

● 이탈리아어에서 사용하는 알파벳은 21글자입니다. 각각 대문자와 소문자가 있습니다.

Aa [아]　Bb [비]　Cc [치]　Dc [디]　Ee [에]　Ff [에페]　Gg [지]

Hh [아까]　Ii [이]　Ll [엘레]　Mm [엠메]　Nn [엔네]

Oo [오]　Pp [피]　Qq [쿠]　Rr [에레]　Ss [에쎄]　Tt [티]　Uu [우]

Vv [부]　Zz [제타]

● 다음의 알파벳은 주로 외래어를 표기하기 위해 사용되는 알파벳입니다.

Jj [일룽가]　Ww [도삐아 부]　Yy [입실론]

Kk [카빠]　Xx [익스]

2. 회화 표현의 시작은 의문사부터

누군가에게 무언가를 부탁하고 싶을 때 편리하게 사용할 수 있는 의문사를 알아둡시다.

무엇	che cosa 께 꼬자 ······이렇게 씁니다······>	이것은 무엇인가요? 예 Che cos'è questo? 께　꼬제 꿰스또
누구	chi 끼 ······이렇게 씁니다······>	이 사람은 누구인가요? 예 Chi è quella persona? 끼 에 꿸라　페르소나?
왜	perché 페르께 ······이렇게 씁니다······>	왜 그런가요? 예 Perché è cosi? 페르께　에 꼬지?
어디	dove 도베 ······이렇게 씁니다······>	화장실이 어디인가요? 예 Dov'è (Dove+è) il bagno? 도베[도베 + 에]　일 반뇨?
얼마나	quanto 꽌또 ······이렇게 씁니다······>	얼마인가요? 예 Quanto costa? 꽌또　코스타?
언제	quando 꽌도 ······이렇게 씁니다······>	언제 출발하나요? 예 Quando parte? 꽌도　파르테?

3. 3가지 기본 문장을 외워 둡시다.

긍정문, 의문문, 부정문의 기본 문장을 마스터하면 기본적인 회화 표현을 할 수 있습니다.

1. **~입니다**

어순의 기본은 영어와 같습니다.
주어 (나는, 당신은 등) + 동사 (~합니다) + 목적어 (~을/를) 의 어순이 기본입니다. 이탈리아어에서는 주어가 생략되는 경우가 많습니다.

📝 Sono Minsu. (저는 민수입니다.)
쏘노 민수

Vado a Roma. (로마에 갑니다.)
바도 아 로마

2. **~입니까?**

의문문은 문장 끝에 ?를 붙이면 끝을 올려 읽는 것만으로 OK입니다. 의문사를 사용할 때는 (의문사+동사+주어) 의 형태를 보입니다.

📝 Sei studentessa? (당신은 학생입니까?)
세이 스투덴테싸?
Lei parla coreano? (당신은 한국어를 말하나요?)
레이 파를라 꼬레아노?

3. **~가 아닙니다**

부정문은 활용하고 있는 동사의 앞에 non을 붙입니다.

📝 Non sono cinese. (저는 중국인이 아닙니다.)
논 쏘노 치네제
Non ho tempo. (저는 시간이 없습니다.)
논 오 템포

4. 문장 요소를 넣어 말해 봅시다.

전하고 싶은 내용의 뉘앙스를 표현하거나 의미를 추가하거나 회화 표현에 악센트를 넣어 봅시다.

Posso ~? ~할 수 있나요?
포쏘

📝 Posso fumare? (제가 담배를 필 수 있나요?)
포쏘 푸마레

Può ~? ~해 주실 수 있나요?
푸오

📝 Può ripetere, per favore? (다시 한번 말씀해 주실 수 있나요?)
푸오 리페테레 페르 파보레?

원포인트 주어와 동사의 관계를 시원하게 마스터!

어렵게 생각하지 말고 주어가 바뀌면 동사도 바뀐다고만 알아 두세요.

● **인칭 대명사**

인칭 대명사는 사람에게 쓰며 영어와 같이 1-3인칭에 따라 단수와 복수로 나뉩니다.

● **2인칭 단수와 2종류**

상대방이 가족이나 친구 등 친한 관계의 경우는 tu를 사용하지만 윗사람이거나 잘 모르는 사람의 경우는 3인칭 단수의 여성형인 Lei를 씁니다. 쓸 때도 마찬가지로 문장 속에서 항상 대문자 L을 사용해서 구별합니다.

주어 \ 동사	essere/에 쎄 레(이다)	avere/아 베레(갖고 있다)
io/이오 (나는)	sono/쏘노(이다)	ho/오(갖고 있다)
tu/뚜 (너는)	sei/세이(이다)	hai/아이(갖고 있다)
Lei/레이 (당신은)	e/에(이다)	ha/아(갖고 있다)
lui/루이 (그는)	e/에(이다)	ha/아(갖고 있다)
lei/레이 (그녀는)		
noi/노이 (우리는)	siamo/씨아모(이다)	abbiamo/아삐아모(갖고 있다)
voi/보이 (당신들은)	siete/씨에테(이다)	avete/아베테(갖고 있다)
loro/로로 (그들은)	sono/쏘노(이다)	hanno/안노(갖고 있다)

● 동사 essere은 영어의 be동사(~에 있다)와 상응하고, avere는 영어의 동사 have(~를 가지고 있다)와 상응합니다.

단어장

Korean ──→ Italiano

한국어	ㄱ
가게	**negozio** 네고찌오
가격	**prezzo** 프레쪼
가구	**mobile** 모빌레
가구점	**negozio di arredamento** 네고찌오 디 아레다멘토
가까운	**vicino** 비치노
가까운,오는	**prossimo** 프로씨모
가능성	**possibilità** 포씨빌리타
가득 찬	**pieno** 피에노
가려운	**pruriginoso** 프루리지노조
가루	**polvere** 폴베레
가면	**maschera** 마스께라
가방	**borsa** 보르사
가벼운	**leggero** 레쩨로
가속 장치	**acceleratore** 아첼레라토레
가솔린 펌프	**pompa di benzina** 폼파 디 벤찌나
가수	**cantante** 칸탄테

가시	**spina** 스피나
가위	**forbice** 포르비체
가을	**autunno,** 아우툰노
가이드	**guida** 구이다
가이드 비용	**prezzo della guida** 프레쪼 델라 구이다
가이드 조명	**guide luminose** 구이데 루미노세
가이드 투어	**gita con guida** 지타 꼰 구이다
가정, 가족	**famiglia** 파밀리아
가정교사	**aio** 아이오
가죽 재킷	**giacca di pelle** 쟈까 디 펠레
가죽 제품	**articolo di pelle** 아르티콜로 디 펠레
각	**angolo** 안골로
간격	**intervallo** 인테르발로
간단한	**semplice** 셈플리체
간단한 식사	**pasto leggero** 파스토 레쩨로
간식	**merenda** 메렌다
간장	**salsa di soia** 살사 디 소이아

간호사	**infermiere** 인페르미에레
감기	**raffreddore** 라프레또레
감기약	**medicina contro il raffreddore** 메디치나 콘트로 일 라프레또레
감독	**direttore** 디레또레
감독	**sorveglianza** 소르벨리안짜
감사하다	**ringraziare** 린그라찌아레
감자	**patata** 파타타
값비싼, 친애하는	**caro** 카로
강	**fiume** 피우메
강도	**scassinatore** 스카씨나토레
강한	**forte** 포르테
개	**cane** 까네
개성	**personalità** 페르소날리타
개울	**ruscello** 루셸로
개인용	**uso personale** 우소 페르소날레
개장 시간	**ora d'apertura** 오라 다페르투라

개장 시간	**orario di apertura** 오라리오 디 아페르투라		걷다	**camminare** 캄미나레		경찰서	**questura** 꿰스투라
개폐기	**interruttore** 인테루또레		걸어서	**a piedi** 아 피에디		계급	**classe** 클라쎄
객관적인	**obiettivo** 오비에띠보		검역	**controllo sanitario** 콘트롤로 사니타리오		계란	**uovo** 우오보
거리	**distanza** 디스탄짜		검은	**nero** 네로		계란 프라이	**uova ad occhio di bue** 우오바 아드 오끼오 디 부에
거북	**tartaruga** 타르타루가		검진	**controllo medico** 콘트롤로 메디코		계산, 회계	**conto** 콘토
거울	**specchio** 스페꼬		검표	**controllo biglietti** 콘트롤로 빌리에띠		계산대, 상자	**cassa** 카싸
거주하고 있는	**residente** 레지덴테		게시판	**quadro affisso** 콰드로 아피쏘		계산서	**bolletta** 볼레따
거즈	**garza** 가르자		겨울	**inverno** 인베르노		계산하다	**calcolare** 칼콜라레
거짓말	**bugia** 부지아		겨울 방학	**vacanze d'inverno** 바칸쩨 딘베르노		계속하다	**continuare** 콘티누아레
건강	**salute** 살루테		겨자	**senape** 세나페		계약	**contratto** 콘트라또
건강한	**sano** 사노		결정하다	**decidere** 데치데레		계약서	**documenti per contratto** 도쿠멘티 페르 콘트라또
건물	**edificio** 에디피쵸		결혼	**matrimonio** 마트리모니오		계절	**stagione** 스타지오네
건물 안내도	**pianta d'edificio** 피안타 데디피쵸		경기장	**stadio** 스타디오		계좌 번호	**numero di conto** 누메로 디 콘토
건설하다	**costruire** 코스트루이레		경비원	**guardia** 과르디아		고급	**di lusso / di alta classe** 디 루쏘 / 디 알타 클라쎄
건성 피부	**pelle secca** 뻴레 세까		경제	**economia** 에코노미카			
건전지	**batteria a secco** 바떼리아 아 세꼬		경제학	**scienze economiche** 셴쩨 에코노미께		고립된	**isolato** 이솔라토
건축	**costruzione** 코스트루찌오네		경찰	**polizia / carabinieri** 폴리찌아 / 카라비니에리		고무	**gomma** 곰마
건축가	**arichitetto** 아리끼테또		경찰관	**poliziotto** 폴리찌오또		고속 도로	**autostrada** 아우토스트라다

157

고양이	gatto 가또
고원	altopiano 알토피아노
고장난	guasto 과스토
고장난 물건	oggetto fragile 오제또 프라지레
고적	luoghi storici 루오기 스토리치
고추	peperoncino 페페론치노
고층	piano superiore 피아노 수페리오레
고층 빌딩	palazzo alto 팔라쪼 알토
고통	dolore 돌로레
고통을 느끼다	sentire dolore 센티레 돌로레
고혈압	alta pressione 알타 프레씨오네
곡물	cereale 체레알레
곤충	insetto 인세또
골동품	anticaglie 안티칼리에
골동품 가게	negozio di anticaglie 네고지오 디 안티칼리에
골절	frattura 프라뚜라
골프	golf 골프
골프공	pallina da golf 팔리나 다 골프
골프장	campo da golf 깜포 다 골프

공공 요금	tariffa dei servizi pubblici 타리파 데이 세르비찌 푸블리치
공공의	pubblico 푸블리코
공기	aria 아리아
공동의 열쇠	chiave comune 끼아베 코무네
공부	studio 스투디오
공사	costruzione 코스트루찌오네
공사중	lavori in corso 라보리 인 코르소
공식 환율	cambiavalute ufficiale 캄비아발루테 우피챨레
공연	spettacolo 스페따콜로
공연 중	durante uno spettacolo 두란테 우노 스페따콜로
공원	parco 파르코
공중전화	telefono pubblico 텔레포노 푸블리코
공중화장실	gabinetto pubblico 가비네또 푸블리코
공중화장실	bagno comune 반뇨 코무네
공학	ingegneria 인제녜리아

공항	aeroporto 아에로포르토
공항세	tasse di aeroporto 타쎄 디 아에로포르토
공헌	contributo 콘트리부토
과로	sovraffaticamento 소브라파티카멘토
과세	tassazione 타싸찌오네
과일	frutta 프루따
과즙	succo 수꼬
관광	turismo 투리스모
관광버스	pullman per gite turistiche 풀만 페르 지테 투리스티께
관광 안내소	ufficio informazioni turistiche 우피쵸 인포르마찌오니 투리스티께
관광지	zona turistica 조나 투리스티카
관광 크루즈	imbarcazione per gite turistiche 임바르카찌오네 페르 지테 투리스티께
관광 투어	gita turistica 지타 투리스티카
관광 팸플릿	opuscolo di informazioni turistiche 오푸스콜로 디 인포르마찌오니 투리스티께

한국어	이탈리아어	한국어	이탈리아어	한국어	이탈리아어
관내 전화	telefono interno 텔레포노 인테르노	구간	intervallo 인테르발로	국립 공원	parco nazionale 파르코 나찌오날레
관리	controllo 콘트롤로	구간	tratto 트라또	국립의	nazionale 나찌오날레
관리인	portinaio 포르티나이오	구급차	ambulanza 암불란짜	국산 맥주	birra nazionale 비라 나찌오날레
관세	dazio doganale 다찌오 도가날레	구름	nuvola 누볼라	국적	nazionalità 나찌오날리타
괌	Guam 구암	구멍	buco 부코		
광고	pubblicità 푸쁠리치타	구명용품	salvagente 살바젠테	국제선	voli internazionali 볼리 인테르나찌오날리
광장	piazza 피아짜	구명조끼	giubbotto di salvataggio 쥬뽀또 디 살바타찌오	국제 운전면허증	patente internazionale 파텐테 인테르나찌오날레
광학 기구	occhiali 오끼알리	구분	divisione 디비지오네	국제적인	internazionale 인테르나찌오날레
교과서	testo 테스토	구석 자리	tavolo ad angolo 타볼로 아드 안골로		
교수님 (남자)	professore 프로페소레	구입	acquisto 아뀌스토	국제 전화	telefonata internazionale 텔레포나타 인테르나찌오날레
교실	aula 아울라	구제	scampo 스캄포		
교외	periferia 페리페리아	구토	nausea 나우세아	국회 의사당	Palazzo del Parlamento 팔라쪼 델 빠를라멘토
교육	educazione 에두카찌오네	국가	Stato / Nazione / Paese 스타토/나찌오네/ 파에제	굳은	duro 두로
교차로	crocevia 크로체비아			굴욕적인	mortificante 모르티피칸테
교체하다	cambiare 캄비아레	국경	confine 콘피네	궁전	palazzo 팔라쪼
교통	traffico 트라피코	국기	bandiera nazionale 반디에라 나찌오날레	권투	pugilato 푸질라토
교통사고	incidente stradale 인치덴테 스트라달레	국내선	voli nazionali 볼리 나찌오날리	귀걸이	orecchini 오레끼니
교환	scambio 스캄비오	국내의	interno 인테르노	귀금속	metallo prezioso 메탈로 프레찌오조
교회	chiesa 끼에자	국도	strada statale 스트라다 스타탈레		

159

귀여운	carino 카리노	기간	periodo 페리오도	기사	articolo 아르티콜로
귀중품	oggetto di valore 오제또 디 발로레	기계	macchina 마끼나	기상, 자명종	sveglia 스벨리아
규칙	regola 레골라	기관	organo 오르가노	기술	tecnica 테크니카
그램	grammo 그람모	기관	istituto 이스티투토	기술자	artigiano 아르티지아노
그리다	dipingere 디핀제레	기관지염	bronchite 브론끼테	기억	memoria 메모리아
그림	quadro 꽈드로	기내 수하물	bagagli a mano 바갈리 아 마노	기억하다	ricordare 리코르다레
그림	pittura 피뚜라	기내 수하물	bagaglio a mano 바갈리오 아 마노	기운을 내다	tirarsi su di morale 티라르씨 수 디 모랄레
극장	teatro 테아트로	기내식	pasto a bordo 파스토 아 보르도	기차	treno 트레노
근육	muscolo 무스콜로	기념 건축물	monumento 모누멘토	기차에서	sul treno 술 트레노
금	d'oro 도로	기념우표	francobollo commemorativo 프란코볼로 콤메모라티보	기차 환승	cambio treno 캄비오 트레노
금고	cassaforte 카싸포르테			기침	tosse 토쎄
금액	somma di denaro 솜마 디 데나로	기념품	ricordo 리코르도	기타	chitarra 끼타라
금연	non fumatori 논 푸마토리	기념품	souvenir 소우베니르	기회/상황	occasione 오까시오네
금연석	tavolo non fumatori 타볼로 논 푸마토리	기념품 가게	negozio di articoli di souvenir 네고지오 디 아르티콜리 디 소우베니르	기획	progetto 프로제또
금연 열차	vagone non fumatori 바고네 논 푸마토리			기후	clima 클리마
금지	divieto 디비에토	기다리다	aspettare 아스페따레	긴	lungo 룬고
금지 물품	oggetti vietati 오제띠 비에타티	기록	registrazione 레지스트라찌오네	긴 소매	maniche lunghe 마니께 룬게
급행 요금	tariffa per treno rapido 타리파 페르 트레노 라피도	기분이 나쁘다	sentirsi male 센티르씨 말레	긴급	urgenza 우르젠짜
		기쁨의 함성	grido di gioia 그리도 디 죠이아	긴급한	urgente 우르젠테
				길	via 비아

한국어	이탈리아어		한국어	이탈리아어		한국어	이탈리아어
길	**strada** 스트라다			**ㄴ**		남자 종업원	**cameriere** 카메리에레
길에서	**per la strada** 페르 라 스트라다		나룻배	**traghetto** 트라게또		남자, 남자의	**uomo** 우오모
깊은	**fondo** 폰도		나머지	**resto** 레스토			
깨끗이 닦은	**pulito** 풀리토		나쁜	**cattivo** 카띠보		남자, 여자 고등학생	**studente / studentessa di scuola superiore** 스투덴테/스투덴테 싸 디 스콜라 수페 리오레
깨지기 쉬운	**fragile** 프라지레		나이트 스팟	**night spot** 니그트 스포트			
깨진 물건	**articolo fragile** 아르티콜로 프랄리에		나이트 클럽	**night club** 니그트 클루브			
꽃	**fiore** 피오레		나이트 투어	**giro di notte** 지로 디 노떼		남자, 여자 대학생	**studente / tessa universitario** 스투덴테/테싸 우 니베르시타리오
꽃가루 알레르기	**allergia al polline** 알레르쟈 알 폴리네		나이프	**coltello** 콜텔로			
			나일론	**nylon** 닐론		남자, 여자 중학생	**studente / tessa di scuola media** 스투덴테/테싸 디 스콜라 메디아
꽃다발	**mazzo di fiori** 마쪼 디 피오리		나타내다	**presentare** 프레젠타레			
꽃병	**vaso di fiori** 바소 디 피오리		난로	**stufa** 스투파		남쪽	**sud** 수드
꾸벅 꾸벅 졸다	**sonnecchiare** 손네끼아레		난방	**riscaldamento** 리스칼다멘토		남편	**marito** 마리토
꿈	**sogno** 소뇨		날	**giorno** 죠르노		남학생, 여학생	**studente / studentessa** 스투덴테/스투덴테싸
끈	**stringa** 스트린가		날 음식	**alimenti crudi** 알리멘티 크루디			
끊다	**rifiutare** 리피우타레		낡은	**vecchio** 베끼오		내과의	**internista** 인테르니스타
끌다	**tirare** 티라레		남녀	**uomo e donna** 우오모 에 돈나		내년	**anno prossimo** 안노 프로씨모
끓이다	**bollire** 볼리레					내놓다, 제시하다, 나타내다	**presentare** 프레젠타레
끝	**punta** 푼타		남녀 공용	**in comune fra uomini e donne** 인 코무네 프라 우오미니 에 돈네			
끝내다	**essere finito** 에쎄레 피니토					내리다	**scendere** 셴데레
						내버리다	**buttare via** 부따레 비아
끝내다	**finire** 피니레		남성용	**per uomo** 페르 우오모		내선 전화	**interno telefonico** 인테르노 텔레포니코
			남자 배우	**attore** 아또레		내일	**domani** 도마니

기본회화
관광
맛집
쇼핑
엔터테인먼트
뷰티
호텔
교통수단
기본정보
단어장

161

내일모레	dopodomani 도포 도마니	노르웨이	Norvegia 노르베쟈	늦게 도착하다	arrivare in ritardo 아리바레 인 리타르도
내일 밤	domani notte 도마니 노떼	노선도	cartina delle linee 카르티나 델레 리네		
내일 오후	domani pomeriggio 도마니 포메리쬬	녹색	verde 베르데		**ㄷ**
내일 저녁	domani sera 도마니 세라	놀다	giocare 죠카레	다 써버린	esaurito 에사우리토
내쫓다	portare via 포르타레 비아	놀라다	sorprendersi 소르프렌데르씨	다도	cerimonia del tè 체리모니아 델 테
냄비	pentola 펜톨라	놀랄 만한	meraviglioso 메라빌리오소	다리	ponte 폰테
냄새나는	puzzolente 푸쫄렌테	농담	scherzo 스께르쪼	다리미	ferro da stiro 페로 다 스티로
냄새를 맡다	sentire un odore 센티레 운 오도레	농부	agricoltore 아그리콜토레	다만	soltanto 솔탄토
냅킨	tovagliolo 토발리올로	농업	agricoltura 아그리콜투라	다시 한번	ancora una volta 안코라 우나 볼타
냉동식품	surgelato 수르젤라토	높은	alto 알토	다양한	varie 바리에
냉방 장치	condizionatore 콘디찌오나토레	놓치다	fare scappare 파레 스카빠레	다운로드 받다	scaricare 스카리카레
냉장고	frigorifero 프리고리페로	뇌졸중	apoplessia 아포플레씨아	다음 달	mese prossimo 메제 프로씨모
넓은	largo 라르고	뇌진탕	commozione cerebrale 콤모찌오네 체레브랄레	다음 주	settimana prossima 세띠마나 프로씨마
넓이	larghezza 라르게짜	눈	neve 네베	다이아몬드	diamante 디아만테
넥타이	cravatta 크라바따	눈 내림	nevicata 네비카타	다이어트	dimagrimento 디마그리멘토
노란색	giallo 쟐로	눕다	sdraiarsi 스드라이아르씨	단색 직물	tessuto a tinta unita 테쑤토 아 틴타 우니타
노래	canzone 칸쪼네	뉴스, 정보	notizia 노티찌아		
노래방	karaoke 카라오케	늘쩍 지근하다	stancarsi 스탄카르씨	단어	vocabolo 보카볼로
노래하다	cantare 칸타레	늙은, 오래된	vecchio 베끼오	단체	gruppo 그루뽀

단풍잎	foglie rosse d'autunno 폴리에 로쎄 다우툰노	대답하다	rispondere 리스폰데레	더치페이	divisione delle spese 디비찌오네 델레 스페제
닫다	chiudere 끼우데레	대도시	metropolitano 메트로폴리타노	더치페이	pagare separatamente 파가레 세파라타멘테
닫은	chiuso 끼우소	대만	Taiwan 타이완	더 큰	più grande 쀼 그란데
달	luna 루나	대사관	ambasciata 암바샤타	덮개	coperta 코페르타
달력	calendario 카렌다리오	대성당	duomo 두오모	데님	denim 데님
달콤한, 디저트	dolce 돌체	대성당	cattedrale 카떼드랄레	데리러 가다	andare a prendere 안다레 아 프렌데레
달콤한 팬케이크	frittella dolce 프리뗄라 돌체	대중목욕탕	doccia comune 도챠 코무네	덴마크	Danimarca 다니마르카
닭고기	carne di pollo 카르네 디 폴로	대중의, 유행의	popolare 포폴라레	도구	strumento 스트루멘토
담다	contenere 콘테네레	대통령	presidente 프레지덴테	도난 증명서	certificato di furto 체르티피카토 디 푸르토
담당자	incaricato 인카리카토	대하다	trattare 트라따레		
담배	sigaretta 시가레따	대학	università 우니베르시타	도둑	ladro 라드로
담배 (여송연)	sigaro 시가로	대형차	macchina grande 마끼나 그란데	도둑맞은 물건	oggetto rubato 오제또 루바토
당뇨병	diabete 디아베테	더 낫다	migliore 밀리오레	도로	via 비아
당일치기 관광	gita turistica di una giornata 지타 투리스티카 디 우나 죠르나타	더블 룸	camera doppia 카메라 도삐아	도로	strada 스트라다
당일치기 여행	gita di un giorno 지타 디 운 죠르노	더블 룸	camera matrimoniale 카메라 마트리모니알레	도로 지도	carta automobilistica 카르타 아우토모빌리스티카
당황하다	sentirsi imbarazzato 센티르씨 임바라짜토	더 싸다	più economico 쀼 에코노미코	도서관	biblioteca 비블리오테카
대기자 명단	in lista d'attesa 인 리스타 다떼사	더 작은	più piccolo 쀼 피꼴로	도시	città 치따

163

도시락	cestino da pranzo 체스티노 다 프란쪼	돌아가다, 돌아오다	tornare 토르나레	둥근	rotondo 로톤도
도시의	urbano 우르바노	돕다	aiutare 아이우타레	뒤 / 뒤에	dietro 디에트로
도시 중심부	centro città 첸트로 치따	동료	collega 콜레가	뒷자리	posto dietro 포스토 디에트로
도시 지도	mappa della città 마빠 델라 치따	동물	animale 아니말레	드라마	dramma 드람마
		동물원	zoo 제토오	드라이브	giro in macchiona 지로 인 마끼오나
도심에	a centro città 아 첸트로 치따	동상	statua 스타투아		
도자기	ceramica 체라미카	동의	approvazione 아쁘로바찌오네	드라이아이스	ghiaccio secco 기아쵸 세꼬
도자기 가게	negozio di porcellane 네고찌오 디 포르첼라네	동전	moneta 모네타	드라이 클리닝	lavaggio a secco 라바쬬 아 세꼬
		동전 반환 레버	restituzione monete 레스티투찌오네 모네테	드럼/큰 북	tamburo 탐부로
도장/음색	timbro 팀브로			드문	raro 라로
도착	arrivo 아리보	동전 지갑	portamonete 포르타모네테	듣다	sentire 센티레
도착 시간	ora d'arrivo 오라 다리보	동전 투입구	fessura per le monete 페쑤라 페르 레 모네테	들어가다	entrare 엔트라레
도착지	destinazione 데스티나찌오네	동쪽	est 에스트	등	schiena 스끼에나
도착하다	arrivare 아리바레	되돌리다	restituire 레스티투이레	등기 우편	posta raccomandata 포스타 라꼬만다타
독립적인	indipendente 인디펜덴테	된장 파스타	pasta di soia 파스타 디 소이아	등록 양식	modulo per registrazione 모둘로 페르 레지스트라찌오네
독서	lettura 레뚜라	두 번째의/ 초	secondo 세콘도		
독일	Germania 제르마니아	두고 가다	lasciare 라샤레	디자인	disegno 디셴뇨
독특한 선물	regalo originale 레갈로 오리지날레	두드러기	orticaria 오르티카리아	디지털 카메라	macchina fotografica digitale 마끼나 포토그라피카 디지탈레
돌다	girare 지라레	두통	mal di testa 말 디 테스타		

164

따뜻한, 더운	caldo 칼도
따로	separatamente 세파라타멘테
딸	figlia 필리아
땀	sudore 수도레
땅, 지구	terra 테라
떨어뜨리게 하다	fare cadere 파레 카데레
똑같은	uguale 우괄레
똑바른, 권한	diritto 디리또
뜨개질	lavoro a maglia 라보로 아 말리아
뜨거운 물	acqua calda 아꾸아 칼다

ㄹ

라디오	radio 라디오
라운지	sala d'attesa 살라 다떼사
라이터	accendino 아첸디노
라켓	racchetta 라께따
램프	lampada 람파다
레시피, 처방전	ricetta 리체따
레이어드 컷	taglio scalato 탈리오 스칼라토
레코드 가게	negozio di dischi 네고찌오 디 디스끼

렌터카	automobile a noleggio 아우토모빌레 아 놀레쬬
로마자	caratteri latini 카라떼리 라티니
로맨틱한	romantico 로만티코
로비	hall 알
룰렛	roulette 로울레떼
룸메이트	compagno di camera 콤파뇨 디 카메라
룸서비스	servizio in camera 세르비찌오 인 카메라
룸서비스 가격	prezzo del servizio in camera 프레쪼 델 세르비찌오 인 카메라
리넨, 아마포	lino 리노
리무진 버스	limousine 리모우시네
리조트	località di villeggiatura 로칼리타 디 빌레쨔투라
린스	balsamo per capelli 발사모 페르 카펠리
립스틱	rossetto 로쎄또

ㅁ

마늘	aglio 알리오
마당	campo 캄포
마루	pavimento 파비멘토
마르다	asciugarsi 아슈가르시
마른	asciutto 아슈또
마사지	massaggio 마싸쬬
마시다	bere 베레
마요네즈	maionese 마이오네제
마음에 들다	piacere 피아체레
마이크	microfono 미크로포노
마중과 배웅	accompagnare e riprendere 아콤파냐레 에 리프렌데레
마지막 기차	ultimo treno 울티모 트레노
막다른 골목	strada senza uscita 스트라다 센자 우쉬타
만	golfo 골포
만나다	incontrare 인콘트라레
만족	soddisfazione 소띠스파찌오네
만화	cartoni 카르토니
만화	fumetto 푸메또

많은, 매우	molto 몰또	맹렬한	impetuoso 임페투오조	면세	esente da tasse 에센테 다 타쎄
말	cavallo 카발로	맹장염	appendicite 아뻰디치테	면세점	negozio duty-free 네고찌오 두티 프레
말하다	dire 디레	머리	capello 카펠로	면세품	articolo esente da tasse 아르티콜로 에센테 다 타쎄
맑은 하늘	sereno 세레노	머리	testa 테스타		
맛	sapore 사포레	머리 세팅	messa in piega 메싸 인 피에가	면접, 담화	colloquio 콜로꿔오
맛있는, 좋은	buono 부오노	머리빗	spazzola per capelli 스파쫄라 페르 카펠리	면허증	patente 파텐테
망	rete 레테			명료한	vistoso 비스토조
망가지다	rompersi 롬페르씨	머물다	rimanere 리마네레	명성	fama 파마
맞은	corretto 코레또	머물다	soggiornare 소쬬르나레	명소	luoghi famosi 루오기 파모시
맡기다	depositare 데포시타레	먹다	mangiare 만쟈레	명예 회복	riabilitazione 리아빌리타찌오네
매너	buone maniere 부오네 마니에레	먼	lontano 론타노	명찰	targhetta con il proprio nome 타르게따 꼰 일 프로프리오 노메
매니큐어	smalto 스말토	멀미	mal d'auto 말 다우토		
매우 아프다	molto doloroso 몰또 돌로로조	멍	contusione 콘투시오네	모두	tutto 뚜또
		메뉴	menù 메누	모방, 모조	imitazione 이미타찌오네
매진된, 다 써버린	esaurito 에사우리토	메모	appunto 아뿐토	모스크바	mosca 모스카
매표소	biglietteria 빌리에떼리아	메시지	messaggio 메싸쬬	모자	cappello 카뻴로
맥박	polso 폴소	면 소재	materiale di cotone 마테리알레 디 코토네	모자람	mancanza 만칸짜
맥주	birra 비라	면, 목화	cotone 코토네	모직물	tessuto di lana 테쑤토 디 라나
맨 앞줄	posto in prima fila 포스토 인 프리마 필라	면도기	rasoio 라소이오	모피	pelliccia 펠리챠
		면도하다	farsi la barba 파르씨 라 바르바		

목	collo 콜로	무질서한, 난폭한	intemperante 인템페란테	뮤지컬	commedia musicale 콤메디아 무지칼레
목걸이	collana 콜라나	무채색 센자	senza coloranti 센자 콜로란티	미끌거리는	scivoloso 쉬볼로조
목록	elenco 엘렌코	무첨가 센자	senza conservanti 센자 콘세르반티	미니바	minibar 미니바르
목욕, 화장실	bagno 반뇨	무효한	non valido 논 발리도	미술관	galleria d'arte 갈레리아 다르테
몸	corpo 코르포	문	cancello 칸첼로	미술관	museo d'arte 무세오 다르테
몸짓	gesto 제스토	문	porta 포르타	미아	persona smarrita 페르소나 스마리타
못	chiodo 끼오도	문방구점	cartoleria 카르톨레리아	미용실	parrucchiere 파루끼에레
묘사	rappresentazione 라쁘레센타찌오네	문서	documento 도쿠멘토	미지근한	tiepido 티에피도
묘지	cimitero 치미테로	문제	problema 프로블레마	민감한 피부	pelle sensibile 펠레 센시빌레
무거운	pesante 페산테	문제없어	nessun problema 네쑨 프로블레마	밀	grano 그라노
무게	peso 페소	문학	letteratura 레떼라투라	밀가루	farina 파리나
무대	palcoscenico 팔코셰니코	문화	cultura 쿨투라	밀가루로 만든 모든 음식	pasta 파스타
무대 앞 좌석	platea 플라테아	물	acqua 아꾸아	밀다	spingere 스핀제레
무대 장치	apparato scenico 아빠라토 셰니코	물가	prezzi 프레찌		ㅂ
무료의	gratuito 그라투이토	물고기	pesce 페셰	바	bar 바르
무료하다	annoiarsi 안노이아르씨	물을 붓다	versare 베르사레	바구니	cesto 체스토
무슨~라도	qualsiasi 꽐씨아씨	물통	borraccia 보라챠	바꾸다	cambiare 캄비아레
무역	commercio estero 콤메르쵸 에스테로	물품	merce 메르체	바뀌다	cambiarsi 캄비아르씨
무제한	senza limiti 센자 리미티			바늘	ago 아고

167

바다	mare 마레	받아들이다	accettare 아체따레	방문, 진찰	visita 비스타
바다 쪽의	sul mare 술 마레	발	piede 피에데	방 번호	numero della camera 누메로 델라 카메라
바둑	gioco del go 죠코 델 고	발레	balletto 발레또		
바람	vento 벤토	발레리나	ballerina 발레리나	방법	maniera 마니에라
바람이 불다	tirare vento 티라레 벤토	발렌타인데이	giorno di San Valentino 죠르노 디 산 발렌티노	방키	chiave della camera 끼아베 델라 카메라
바쁜, 차지한	occupato 오꾸파토				
바위	roccia 로챠	발목	caviglia 카빌리아	방향	punto della direzione 푼토 델라 디레찌오네
바이올린	violino 비올리노	발송인	mittente 미뗀테		
바지	pantaloni 판탈로니	발코니	balcone 발코네	배	nave 나베
박람회	fiera 피에라	발표	annuncio 안눈쵸	배고프다	avere fame 아베레 파메
박물관	museo 무세오	밝다	chiaro 끼아로	배고픔	fame 파메
박수	applauso 아쁠라우소	밝은 색	colore chiaro 콜로레 끼아로	배려하다	curare 쿠라레
밖에	fuori 푸오리	밤	notte 노떼	배상하다	risarcire 리사르치레
반나절의	di mezza giornata 디 메짜 죠르나타	밤을 세우다	passare la notte 파싸레 라 노떼	배우	attore 아또레
		방	camera 카메라		
반대하다	opporsi 오뽀르씨	방값	prezzo della camera 프레쪼 델라 카메라	배터리	batteria 바떼리아
반사	riflessione 리플레씨오네			배터리를 충전하다	ricaricare la batteria 리카리카레 라 바떼리아
반소매	maniche corte 마니께 코르테	방과후	doposcuola 도포스콜라		
반지	anello 아넬로	방 나누기	divisione della camera 디비지오네 델라 카메라	백화점	grande magazzino 그란데 마가찌노
반창고	cerotto 체로또			뱃멀미	mal di mare 말 디 마레
받다	ricevere 리체베레	방문 목적	scopo della visita 스코포 델라 비지타	버스	autobus 아우토부스

한국어	이탈리아어	한국어	이탈리아어	한국어	이탈리아어
버스 노선도	piantina delle linee degli autobus 피안티나 델레 리네 델리 아우토부스	벽지	carta da parati 카르타 다 파라티	보석	gioiello 죠이엘로
		변기	seduta del gabinetto 세두타 델 가비네또	보석상	gioielleria 죠이엘레리아
버스 정류장	fermata dell'autobus 페르마타 델라우토부스			보스	boss 보쓰
		변비약	medicina per stitichezza 메디치나 페르 스티티께짜	보증, 보험	assicurazione 아씨쿠라찌오네
버찌	ciliegia 칠리에지아			보증금	deposito 데포지토
버터	burro 부로	변호사	avvocato 아보카토	보증서	certificato di garanzia 체르티피카토 디 가란찌아
버튼	bottone 보또네	별	stella 스텔라		
번호	numero 누메로	별도 요금	prezzo extra 프레쪼 엑스트라	보통	generale 제네랄레
번화가	quartiere molto animato 꽈르티에레 몰토 아니마토	별로	non molto 논 몰또	보트	barca 바르카
		별로 안 비싼	non molto caro 논 몰또 카로	보행자 횡단 주의	attenzione passaggio pedonale 아뗀찌오네 파싸쬬 페도날레
범인	colpevole 콜페볼레	병	bottiglia 보띨리아		
법률	legge 레쩨	병따개	apribottiglie 아프리보띨리에	보험 회사	compagnia d'assicurazioni 콤파니아 다씨쿠라찌오니
법적으로 유효하게 하다	convalidare 콘발리다레	병뚜껑	tappo 타뽀	보호, 감시	guardia 과르디아
벚나무	ciliegio 칠리에쬬	병원	ospedale 오스페달레	복도	corridoio 코리도이오
베이지	beige 베이제	보내다	spedire 스페디레	복사	copia 코피아
벤치	panchina 판끼나	보내다, 발송하다	mandare 만다레	복숭아	pesca 페스카
벨벳	velluto 벨루토	보다	vedere / guardare 베데레 / 과르다레	복장 규칙	regola riguardo all'abbigliamento 레골라 리과르도 알라삐아멘토
벽	muro 무로	보도	marciapiede 마르챠피에데		
벽난로	camino 카미노	보드카	vodka 보드카	복통	mal di stomaco 말 디 스토마코

복통	mal di pancia 말 디 판챠
본래의	originale 오리지날레
본부장	capoufficio 카포우피치오
볼펜	biro / penna a sfera 비로/ 펜나 아 스페라
봄	primavera 프리마베라
봉급	stipendio 스티펜디오
봉투	busta 부스타
부가 가치세	I.V.A 이. 부. 아 (I.V.A.)
부모님	genitori 제니토리
부상한	ferito 페리토
부서지다	guastarsi 과스타르씨
부인	signora 씨뇨라
부인과 의사	ginecologo 지네콜로고
부츠	stivali 스티발리
부하	subordinato 숩보르디나토
북쪽	nord 노르드
분석	analisi 아날리씨
분수	fontana 폰타나
분실물	oggetto smarrito 오제또 스마리토

분실 보고서	denuncia di smarrimento 데눈챠 디 스마리멘토
분위기	atmosfera 아토모스페라
분유	latte in polvere 라떼 인 폴베레
분할	compartimento 콤파르티멘토
불	fuoco 푸오코
불꽃놀이	fuoco artificiale 푸오코 아르티피챨레
불량품	articolo difettoso 아르티콜로 디페또조
불평	lamentela 라멘텔라
불합격	bocciatura 보챠투라
불행하게도	purtroppo 푸르트로뽀
붕대	benda 벤다
뷔페	buffet 뷔페트
브래지어	reggiseno 레찌세노
브랜드	marca 마르카
브레이크	freno 프레노
블라우스	camicetta 카미체따
블루스 음악	musica blues 무지카 블루에스
비	pioggia 피오쨔
비누	sapone 사포네

비밀번호	numero di codice 누메로 디 코디체
비번	fuori servizio 푸오리 세르비찌오
비상구	uscita di sicurezza 우쉬타 디 시쿠레짜
비상 버튼	tasto d'emergenza 타스토 데메르젠짜
비자	visto 비스토
비행	volo 볼보
비행기	aereo 아에레오
비행기 납치	pirateria aerea 피라테리아 아에레아
비행기표	biglietto aereo 빌리에또 아에레오
비행하는	volante 볼란테
빈, 비어 있는	vuoto 부오토
빈 방	camera libera 카메라 리베라
빈 자리	posto libero 포스토 리베로
빈 택시	taxi libero 탁씨 리베로
빈혈	anemia 아네미아
빌리다 (방)	affittare 아피따레
빌리다 (탈 것)	noleggiare 놀레쨔레
빗	pettine 페띠네
빨간색	rosso 로쏘

빨대	cannuccia 칸누챠
빨래하다	fare il bucato / lavare 파레 일 부카토/ 라바레
빵	pane 파네
뼈	osso 오쏘
뾰루지	brufolo 브루폴로

ㅅ

사건	affare 아파레
사고	incidente 인치덴테
사고 증명서	documentazione dell'incidente 도쿠멘타찌오네 델린치덴테
사교 모임	circolo 치르콜로
사기	frode 프로데
사다	comprare 콤프라레
사람마다	ogni persona 온니 페르소나
사랑	amore 아모레
사랑하다	amare 아마레
사령관	comandante 코만단테
사막	deserto 데세르토
사무실	ufficio 우피쵸
사용 중	occupato 오꾸파토

사우나	sauna 사우나
사원	tempio buddista 템피오 부띠스타
사이즈	taglia 탈리아
사이클	ciclismo 치클리스모
사전	dizionario / vocabolario 디찌오나리오/ 보카볼라리오
사진	fotografia 포토그라피아
사진관	studio fotografico 스투디오 포토그라피코
사촌	cugino 쿠지노
사탕	caramella 카라멜라
사회 복지	benessere sociale 베네쎄레 소찰레
산	montagna 몬타냐
산림	foresta 포레스타
산소 마스크	maschera ad ossigeno 마스케라 아드 오씨제노
산 위에서	sulla montagna 술라 몬타냐
산책	passeggiata 파쎄쨔타

살다	abitare 아비타레
삶은 달걀	uovo sodo 우오보 소도
삼각대	treppiede 트레삐에데
삼바	samba 삼바
삼촌, 고모부	zio 찌오
삽입하다	inserire 인세리레
상세	dettagli 데딸리
상세	dettaglio 데딸리오
상수도	acquedotto 아꿰도또
상용약	medicina giornaliera 메디치나 죠르날리에라
상위의	soprano 소프라노
상인	commerciante 콤메르챤테
상자	scatola 스카톨라
상처	ferita 페리타
상태	condizione 콘디찌오네
상황	situazione 시투아찌오네
새	uccello 우쳴로
새로운	nuovo 누오보
새로운	nuovissimo 누오비씨모

한국어	이탈리아어		한국어	이탈리아어		한국어	이탈리아어
새틴	satin 사틴		샤워	doccia 도챠		선배	anzianità 안찌아니타
새해	anno nuovo 안노 누오보		샤워기	con la doccia 꼰 라 도챠		선불	pagamento anticipato 파가멘토 안티치파토
색깔	colore 콜로레		샴푸	shampoo 샴푸		선생님	insegnante 인세냔테
색소폰	sassofono 사쏘포노		서기	calendario occidentale 칼렌다리오 오치덴탈레		선술집	taverna 타베르나
샌드위치	tramezzino 트라메찌노					선실	cabina 카비나
샐러드	insalata 인살라타		서다	fermarsi 페르마르씨		선실 수하물	bagagli in cabina 바갈리 인 카비나
생각	idea 이데아		서두르다	avere fretta 아베레 프레따		선실 승무원	cameriere di cabina 카메리에레 디 카비나
생각나다	ricordarsi 리코르다르씨		서머 타임	orario estivo 오라리오 에스티보			
생강	zenzero 젠제로		서명	firma 피르마		선언, 신고	dichiarazione 디끼아라찌오네
생년월일	data di nascita 다타 디 나쉬타		서비스	servizio 세르비찌오		선언서	modulo di dichiarazione 모둘로 디 디끼아라찌오네
생리	mestruazione 메스트루아찌오네		서비스 비용	prezzo del servizio 프레쪼 델 세르비찌오			
생리대	assorbente 아쏘르벤테		서 있다	stare in piedi 스타레 인 피에디		선언하다	dichiarare 디끼아라레
생리통	dolori mestruali 돌로리 메스트루알리		서점	libreria 리브레리아		선장	capitano 카피타노
생명	vita 비타		서쪽	ovest 오베스트		선착장	pontile 폰틸레
생물	esseri viventi 에쩨리 비벤티		서커스	circo 치르코		선크림	crema protettiva 크레마 프로테띠바
생산지	zona produttrice 조나 프로두뜨리체		서포터 (축구 등의)	tifoso 티포소		선택하다	scegliere 셸리에레
생수	acqua minerale 아꾸아 미네랄레		서핑	surfing 수르핑		선풍기	ventilatore 벤틸라토레
생일	compleanno 콤플레안노		선금	anticipo 안티치포		설날	capodanno 카포단노
생쥐	topo 토포		선물	regalo 레갈로		설명서	guida per l'uso 구이다 페르 루소

한국어	이탈리아어	한국어	이탈리아어	한국어	이탈리아어
설사	**diarrea** 디아레아	세일	**saldi** 살디	소독약	**disinfettante** 디신페딴테
설사약	**antidiarroico** 안티디아로이코	세정 버튼	**pulsante di scarico** 풀산테 디 스카리코	소리	**voce** 보체
설사약	**purga** 푸르가	세정액	**pulendo fluido** 풀렌도 플루이도	소리	**suono** 수오노
설탕	**zucchero** 주께로	세제	**detersivo** 데테르씨보	소매치기	**borseggiatore / trice** 보르세쨔토레 /트리체
섬	**isola** 이솔라	세탁	**lavaggio** 라바쬬	소방서	**caserma dei vigili del fuoco** 카세르마 데이 비질리 델 푸오코
성	**castello** 카스텔로	세탁기	**lavatrice** 라바트리체		
성냥	**fiammifero** 피암미페로	세탁물	**biancheria** 비안께리아	소설	**romanzo** 로만쪼
성별	**distinzione di sesso** 디스틴찌오네 디 세쏘	세탁비	**prezzo della lavanderia** 프레쪼 델라 라반데리아	소울 뮤직	**musica soul** 무시카 소울
				소유	**proprietà** 프로프리에타
성씨	**cognome** 코뇨메	세트 메뉴	**menù a prezzo fisso** 메누 아 프레쪼 피쏘	소음	**rumore** 루모레
성인	**adulto** 아둘토				
세계	**mondo** 몬도	셀프 서비스	**self service** 셀프 세르비체	소주	**distillato di riso** 디스틸라토 디 리조
세계 유산	**Patrimonio Mondiale** 파트리모니오 몬디알레	셔츠	**camicia** 카미챠	소파	**divano** 디바노
		셔터 (카메라의)	**scatto** 스카또	소포	**pacco** 파꼬
세관	**dogana** 도가나	소고기	**carne di manzo** 카르네 디 만조	소품	**attrezzeria** 아뜨레쩨리아
세관 신고서	**modulo per la dichiarazione doganale** 모둘로 뻬르 라 디끼아라찌오네 도가날레	소금	**sale** 살레	소프트웨어	**software** 소프트와레
		소금을 첨가한	**salato** 살라토	소형차	**macchina piccola** 마끼나 피꼴라
세금	**tasse** 타쎄	소녀	**ragazza** 라가짜		
세금을 내다	**pagare l'imposta** 파가레 림포스타	소년	**ragazzo** 라가쪼	소화 불량	**disturbo digestivo** 디스투르보 디제스티보

한국어	이탈리아어	한국어	이탈리아어	한국어	이탈리아어
속달	espresso 에스프레쏘	수건	asciugamano 아슈가마노	수제의	fatto a mano 파또 아 마노
속도계	tachimetro 타끼메트로	수공예 상점	negozio di prodotti artigianali 네고지오 디 프로도띠 아르티쟈날리	수족관	acquario 아꽈리오
속셔츠 (팔이 없는)	canottiera 카노띠에라			수채화	acquerello 아꿰렐로
속옷	biancheria intima 비안께리아 인티마	수도꼭지	rubinetto 루비네또	수취인	destinatario 데스티나타리오
손	mano 마노	수리하다	riparare 리파라레	수표	assegno 아쎄뇨
손님	ospite 오스피테	수면 부족	dormito poco 도르미토 포코	수하물	bagagli 바갈리
손님	cliente 클리엔테	수술	operazione / intervento 오페라찌오네/ 인테르벤토	수하물	bagaglio 바갈리오
손수건	fazzoletto 파쫄레또			수하물 교환증	ricevuta di deposito bagagli 리체부타 디 데포지토 바갈리
손수레	carrello 카렐로	수신기	ricevitore 리체비토레		
손을 잡다	prendersi per mano 프렌데르씨 페르 마노	수신자 부담 전화	telefonata a carico 텔레포나타 아 카리코	수하물 보관소	deposito bagagli 데포시토 바갈리
손자	nipote 니포테	수업료	tasse scolastiche 타쎄 스콜라스티께	수하물 예치표	ricevuta di deposito bagagli 리체부타 디 데포시 토 바갈리
손잡이	gruccia 그루챠				
손톱	unghia 운기아	수영	nuoto 누오토	수하물 태그	etichetta bagaglio 에티께따 바갈리오
손톱깎이	tagliaunghie 탈리아운기에	수영복	costume da bagno 코스투메 다 반뇨	수혈	trasfusione di sangue 트라스푸찌오네 디 산궤
손해 배상	risarcimento 리사르치멘토	수영장	piscina 피시나		
솔직한	franco 프란코	수영하다	nuotare 누오타레	순위	classifica 클라씨피카
쇠사슬	catena 카테나	수의사	veterinario 베테리나리오	숟가락	cucchiaio 쿠끼아이오
쇼핑 센터	centro commerciale 첸트로 콤메르챨레	수정	cristallo 크리스탈로	숨	alito 알리토
수	numero 누메로	수정하다	correggere 코레쩨레	숫자	cifra 치프라

174

한국어	이탈리아어	한국어	이탈리아어	한국어	이탈리아어
슈퍼마켓	supermercato 수페르메르카토	스포츠 용품점	negozio di articoli sportivi 네고찌오 디 아르티콜리 스포르티비	시도하다	provare 프로바레
스웨덴	Svezia 스베찌아			시설	istituto 이스티투토
스웨터	maglione 말리오네	슬리퍼	ciabatte 치아바떼	시외 통화	telefonata interurbana 텔레포나타 인테르우르바나
스위트룸	suite 수이테	슬픈	triste 트리스테		
스카프	sciarpa 샤르파	습한	umido 우미도	시작되다	avere inizio 아베레 이니찌오
스케치 금지	non è permesso disegnare 논 에 페르메쏘 디 세냐레	승객	passeggero 파쎄쩨로	시작하다	cominciare 코민챠레
		승마	equitazione 에뀌타찌오네	시장	mercato 메르카토
스코어보드	tabellone del risultati 타벨로네 델 리술타티	승선하다	imbarcare 임바르카레	시차	differenza di orario 디페렌짜 디 오라리오
스크램블 에그	uova strapazzate 우오바 스트라파짜테	승합차	furgone 푸르고네	시큼한	aspro 아스프로
스키	sci 식	시각	ora 오라	시합	partita 파르티타
스타일	stile 스틸레	시간, 날씨	tempo 템포	시험	esame 에자메
스타일리스트	stilista 스틸리스타	시간표	orario 오라리오	시험에 합격하다	superamento di un esame 수페라멘토 디 운 에자메
스테이지	palco 팔코	시계	orologio 오롤로지오		
스테이플러	spillatrice 스필라트리체	시계점	orologeria 오롤로제리아	식기	servizio da tavola 세르비찌오 다 타볼라
스트레스	stress 스트레스	시골	campagna 깜파냐	식기 가게	negozio di articoli da tavola 네고찌오 디 아르티콜리 다 타볼라
스페셜 이벤트	evento speciale 에벤토 스페찰레	시끄러운	rumoroso 루모로소		
		시내	città 치따		
스페인	Spagna 스파냐	시내 전화	telefono urbanao 텔레포노 우르바나오	식다	raffreddarsi 라프레따르씨
스포츠	sport 스포르트			식당	ristorante 리스토란테

175

식당차	vagone ristorante 바고네 리스토란테	신성한	divo 디보	싱글 룸	camera singola 카메라 신골라
식료품점	negozio di alimentari 네고찌오 디 알리멘타리	신용 카드	carta di credito 카르타 디 크레디토	싸우다	battagliare 바딸리아레
식물	piante 피안테	신청	richiesta 리끼에스타	쌀	riso 리조
식물원	giardino botanico 쟈르디노 보타니코	신호	cenno 첸노	쌍안경	binocolo 비노콜로
식사	pasto 파스토	신호등	semaforo 세마포로	썩다	marcire 마르치레
식욕	appetito 아뻬티토	신혼여행	viaggio di nozze 비아쬬 디 노쩨	쓰다	scrivere 스크리베레
식중독	intossicazione alimentare 인토씨카찌오네 알리멘타레	실	filo 필로	쓰레기	spazzatura 스파짜투라
식초	aceto 아체토	실수하다	sbagliare 스발리아레	쓰레기통	cestino per spazzatura 체스티노 페르 스파짜투라
식탁보	tovaglia 토발리아	실업	disoccupazione 디소꾸파찌오네	쓴	amaro 아마로
신	Dio 디오	실제로	praticamente 프라티카멘테	~씨	signore 씨뇨레
신간	nuova pubblicazione 누오바 푸쁠리카찌오네	실크	seta 세타	씻다	lavare 라바레
신문	giornale 죠르날레	실패하다	fallire 팔리레		**ㅇ**
신발	scarpe 스카르페	실행	addestramento / pratica 아데스트라멘토 /프라티카	아기	bimbo 빔보
신발 가게	negozio di calzature 네고찌오 디 칼짜투레	싫어하는	detestabile 데테스타빌레	아동복	abbigliamento per bambini 아삘리아멘토 페르 밤비니
신분증	carta d'identità 카르타 디덴티타	심리학	psicologia 피시콜로지아	아들	figlio 필리오
신선한	fresco 프레스코	심장	cuore 쿠오레	아래	sotto 소또
신선한 농식물	derrate fresche 데라테 프레스께	심한 통증	dolore acuto 돌로레 아쿠토	아래, 낮음, 베이스	basso 바쏘
		싱가폴	Singapore 신가포레		

아래에	di sotto 디 소또	아파트	appartamento 아빠르타멘토	알림 벨	pulsante per chiamare 풀산테 페르 끼아마레
아래층	piano sotto 피아노 소또	아프리카	Africa 아프리카	알약	compressa 콤프레싸
아르바이트 하다	lavoro part time 라보로 파르트 티메	악기점	negozio di strumenti musicali 네고찌오 디 스트루 멘티 무지칼리	알코올	alcol 알콜
아름다운	bello 벨로			암호	password 파쓰워르드
아름다운 전망	bella vista 벨라 비스타	악수를 하다	stringere la mano 스트린제레 라 마노	앞에	davanti 다반티
아름다움	bellezza 벨레짜	안개	nebbia 네삐아	앞자리	posto davanti 포스토 다반티
아메리카	America 아메리카	안경점	ottica 오띠카	애니메이션	cartoni animati 카르토니 아니마티
아빠	padre 파드레	안과 의사	oculista 오쿨리스타		
아스피린	aspirina 아스피리나	안내	guida 구이다	애매한	ambiguo 암비구오
아시아	Asia 에이시아	안내	annuncio 아눈치오	액세서리	accessori 아체쏘리
아울렛	stock house / outlet 스톡 오우스/ 오우트레트	안내소	ufficio informazioni 우피쵸 인포르마찌오니	앨범	album 알붐
아이	bambino 밤비노	안약	collirio 콜리리오	야경	panorama notturno 파노라마 노뚜르노
아이들과 함께	con bambini 꼰 밤비니	안전벨트	cintura di sicurezza 친투라 디 시쿠레짜	야채	verdura 베르두라
아이스크림	gelato 젤라토	안전, 보안	sicurezza 시쿠레짜	약, 의학	medicina 메디치나
아이스 하키	hockey sul ghiaccio 오키 술 기아찌오	안전한	sicuro 시쿠로	약국	farmacia 파르마챠
아침	mattina 마띠나	앉다	sedersi 세데르씨	약속	promessa 프로메싸
아침	mattinata 마띠나타	알다	sapere 사페레	약한	debole 데볼레
아침	colazione 콜라찌오네	알레르기	allergia 알레르지아	얇은	sottile 소띨레
아케이드	arcata 아르카타	알레르기의	allergico 알레르지코	양말, 스타킹	calze 칼쩨

양복의 깃	colletto 콜레또
양장점	sartoria 사르토리아
양질	qualità 꽐리타
양초	candela 칸델라
양파	cipolla 치폴라
어댑터	adattatore 아다따토레
어두운	scuro 스쿠로
어떤 것	qualcosa 꽐꼬자
어려운	difficile 디피칠레
어려움에 처하다	essere in difficoltà 에쎄레 인 디피콜타
어리둥절 하다	essere disorientato 에쎄레 디소리엔타토
어린이 요금	tariffa per bambini 타리파 페르 밤비니
어린이집	asilo nido 아씰로 니도
어부	pescatore 페스카토레
어제	ieri 이에리
언덕	collina 콜리나
언어	parola 파롤라
언제	quando 꽌도

언제라도	in qualunque momento 인 꽐룬꿰 모멘토
얼굴	faccia 파치아
얼굴 관리	trattamento viso 트라따멘토 비조
얼다	ghiacciare 기아챠레
얼룩	macchia 마끼아
얼만큼	quanto 꽌또
얼얼한	piccante 피깐테
얼음	ghiaccio 기아쬬
엄격한	stretto 스트레또
엄마	madre 마드레
엄지손가락	pollice 폴리체
없어지다	perdersi 페르데르씨
엊그제	l'altro ieri 랄트로 이에리
에스컬레이터	scala mobile 스칼라 모빌레
에스테틱 샵	centro estetico 첸트로 에스테티코
에어컨	condizionatore d'aria 콘디찌오나토레 다리아
에어컨과	con l'aria condizionata 콘 라리아 콘디찌오나타

에티켓, 상표	etichetta 에티께따
엑스트라 베드	letto extra 레또 엑스트라
엔지니어	ingegnere 인제녜레
엔진	motore 모토레
엘리베이터	ascensore 아쉔소레
여객선	nave passeggeri 나베 파쎄쩨리
여권	passaporto 파싸뽀르토
여권 심사	controllo passaporti 콘트롤로 파싸포르티
여기	qui / qua 뀌 / 꽈
여름	estate 에스타테
여름 방학	vacanze estive 바칸쩨 에스티베
여보세요, 준비된	pronto 프론토
여성용	per donna 페르 돈나
여성용 양장점	sartoria da donna 사르토리아 다 돈나
여자 배우	attrice 아뜨리체
여자 종업원	cameriera 카메리에라
여자, 여자의	donna 돈나

여행	viaggio 비아쬬	연기	fumo 푸모	열다	aprire 아프리레
여행	gita 지타	연기를 피우다	fumare 푸마레	열망	brama 브라마
여행 가방	valigia 발리지아	연령	età 에타	열쇠	chiave 끼아베
여행 가이드	guida turistica 구이다 투리스티카	연료가 떨어진	senza benzina 센짜 벤찌나	열쇠고리	portachiavi 포르타끼아비
여행 비용	prezzo della gita 프레쬬 델라 지타	연못	stagno 스타뇨	염좌	storta 스토르타
여행사	agenzia di viaggio 아젠찌아 디 비아쬬	연박하다	soggiornare più di un giorno 소쬬르나레 쀼 디 운 죠르노	염증	infiammazione 인피암마찌오네
여행사 직원	commesso viaggiatore 콤메쏘 비아쨔토레	연설	tribuna 트리부나	엽서	cartolina 카르톨리나
여행용 가방	borsa da viaggio 보르사 다 비아쬬	연설자	speaker 스페아케르	영국	Inghilterra 인길테라
여행의, 여정	itinerario 이티네라리오	연속	serie 세리에	영수증	ricevuta 리체부타
여행자 수표	traveller's cheque 트라벨르스 체크	연장	allungamento 알룬가멘토	영양물	nutrizione 누트리찌오네
역	stazione 스타찌오네	연주회, 콘서트	concerto 콘체르토	영어	inglese 인글레제
역무원	portabagagli 포르타바갈리	연중행사	evento annuale 에벤토 안누알레	영업 중	aperto 아페르토
역사	storia 스토리아	연체동물	mollusco 몰루스코	영업시간	ora d'apertura 오라 다페르투라
역에서	alla stazione 알라 스타지오네	연필	matita 마티타	영화	film 필름
연고	unguento 운궨토	연휴	giorni di vacanza consecutivi 죠르니 디 바칸짜 콘세쿠티비	영화관	cinema 치네마
연극	rappresentazione teatrale 라쁘레센타찌오네 테아트랄레	열	febbre 페쁘레	예능인	artista televisivo 아르티스타 텔레비시보
		열광적인	entusiastico 엔투시아스티코	예매권	biglietto in prevendita 빌리에또 인 프레벤디타
				예산	budget 부드제트

179

한국어	이탈리아어	한국어	이탈리아어	한국어	이탈리아어
예술가	artista 아르티스타	오스트리아	Austria 아우스트리아	옷장, 찬장	armadio 아르마디오
예약	prenotazione 프레노타찌오네	오염	sporco 스포르코	와인	vino 비노
예약 목록	elenco di prenotazione 엘렌코 디 프레노타찌오네	오일	olio 올리오	와인 가게	enoteca 에노테카
		오전	mattina 마띠나	와인 목록	lista dei vini 리스타 데이 비니
		오전 비행	voli di mattina 볼리 디 마띠나		
예약석	posto riservato 포스토 리세르바토	오줌	urina 우리나	와인 한 잔	un bicchiere di vino 운 비끼에레 디 비노
예약석	posto prenotato 포스토 프레노타토	오케스트라	orchestra 오르께스트라	왕복	andata e ritorno 안다타 에 리토르노
예약하다	prenotare 프레노타레	오토매틱 자동차	macchina con cambio automatico 마끼나 꼰 캄비오 아우토마티코		
예약 확인표	ricevuta di prenotazione 리체부타 디 프레노타찌오네			왕복 티켓	biglietto di andata e ritorno 빌리에또 디 안다타 에 리토르노
		오페라	opera 오페라		
예정, 프로그램	programma 프로그람마	오한	brivido 브리비도	외과의	chirurgo 끼루르고
오늘	oggi 오찌	오후	pomeriggio 포메리쬬	외국인	straniero 스트라니에로
오늘 밤	stasera 스타세라	오후 비행기	voli di pomeriggio 볼리 디 포메리쬬	외국인들	stranieri 스트라니에리
오늘 오전	stamattina 스타마띠나	온도	temperatura 템페라투라	외투	cappotto 카뽀토
오늘 오후	questo pomeriggio 꿰스또 포메리쬬	온도계	termometro 테르모메트로	외화	valuta estera 발루타 에스테라
오렌지	arancia 아란챠	온수	acqua calda 아꾸아 깔다	외화 교환 증명서	ricevuta per cambio di denaro estero 리체부타 페르 캄비오 디 데나로 에스테로
오르다	salire 살리레	온천	terme 테르메		
오른쪽	destra 데스트라	올라타다	imbarcarsi 임바르카르씨		
오른쪽으로 돌다	girare a destra 지라레 아 데스트라	올림피아드	olimpiadi 올림피아디	왼쪽	sinistra 씨니스트라
오세아니아	Oceania 오체아니아	옷	vestito 베스티토	왼쪽으로 돌다	girare a sinistra 지라레 아 씨니스트라

한국어	이탈리아어	한국어	이탈리아어	한국어	이탈리아어
요구	richiesta 리끼에스타	우체국	ufficio postale 우피쵸 포스탈레	울다	piangere 피안제레
요구르트	yogurt 요거트	우편	posta 포스타	워킹	walking 월킹
요금	tariffa 타리파	우편 번호	codice avviamento postale 코디체 아쀠아멘토 포스탈레	원숭이	scimmia 쉼미아
요금 미터기	tassametro 타싸메트로			원인	causa 카우자
요금표	listino prezzi 리스티노 프레찌	우편 요금	tariffa postale 타리파 포스탈레	원피스	abito 아비토
요리, 부엌	cucina 쿠치나	우편함	cassetta delle lettere 카쎄따 델레 레떼레	월식	eclissi lunare 에클리씨 루나레
요일	giorno della settimana 죠르노 델라 세띠마나	우표	francobollo 프란코볼로	위	sopra 소프라
욕조	vasca da bagno 바스카 다 반뇨	우표 요금	affrancatura 아프란카투라	위경련	spasmo gastrico 스파스모 가스트리코
욕조와	con vasca da bagno 꼰 바스카 다 반뇨	우회전	svolta a destra 스볼타 아 데스트라	위생 봉투	sacchetto igienico 사께또 이졔니코
용기	coraggio 꼬라쬬	욱신거리는 고통	dolore lancinante 돌로레 란치난테	위생 용품	prodotti sanitari 프로도띠 사니타리
우산	ombrello 옴브렐로	운동화	scarpe da ginnastica 스카르페 다 지나스티카	위스키	whisky 위스케
우연히	per caso 페르 카소			위의	superiore 수페리오레
우울한	depresso 데프레쏘	운송비	prezzo del trasporto 프레쪼 델 트라스포르토	위장약	medicina per lo stomaco 메디치나 페르 로 스토마코
우유	latte 라떼	운영자	operatore 오페라토레		
우주	universo 우니베르소			위치	posizione 포시지오네
우주 비행사	astronauta 아스트로나우타	운전면허	patente di guida 파텐테 디 구이다	위탁, 부탁	consegna 콘세냐
우주 정거장	laboratorio spaziale 라보라토리오 스파지알레	운전사	autista 아우티스타	위탁, 위임	commissione 콤미씨오네

181

위탁하다	prendere in consegna 프렌데레 인 콘세냐	유적	rovine 로비네	음악회	festival della musica 페스티발 델라 무지카
위험	pericolo 페리콜로	유치원	scuola materna 스콜라 마테르나	음주	bevuta 베부타
유도	judo 주도	유쾌한	gradevole 그라데볼레	응급 처치	prime cure 프리메 쿠레
유람선	battello turistico 바뗄로 투리스티코	유학하다	studiare all'estero 스투디아레 알레스테로	응원하다	tifare 티파레
유럽	Europa 에우로파	유화	pittura ad olio 피뚜라 아드 올리오	의견	opinione 오피니오네
유료 도로	autostrada a pagamento 아우토스트라다 아 파가멘토	유효 기간	periodo di validità 페리오도 디 발리다타	의류	abbigliamento 아삘리아멘토
유료의	a pagamento 아 파가멘토	유효한	valido 발리도	의복	vestito 베스티토
유료 화장실	gabinetto a pagamento 가비네또 아 파가멘토	은	d'argento 다르젠토	의복	costume 코스투메
유리	vetro 베트로	은행	banca 반카	의사	medico 메디코
유리잔	bicchiere 비끼에레	은행원	impiegato di banca 임피에가토 디 반카	의상실	guardaroba 과르다로바
유명한	famoso 파모조	~을 기록하다	prendere nota di 프렌데레 노타 디	의심하는	sospetto 소스페또
유모차	passeggino 파쎄찌노	음료	bevanda 베반다	의자	sedia 세디아
유스 호스텔	ostello della gioventù 오스텔로 델라 죠벤투	음식값	costo del ristorante 코스토 델 리스토란테	~의 컬렉션	collezione di 콜레찌오네 디
유실물 취급소	ufficio oggetti smarriti 우피쵸 오제띠 스마리티	음식점	tavola calda 타볼라 칼다	이	dente 덴테
		음악	musica 무지카	이륙	decollo 데콜로
유원지	luna park 루나 파르크	음악 클럽	musica club 무지카 클루브	이름	nome 노메
				이메일	posta elettronica 포스타 엘레뜨로니카

이모, 고모	zia 찌아	~이 있다	essere di 에쎄레 디	인원수	numero di persone 누메로 디 페르소네	기본 회화
이미지	immagine 임마지네	이주세	imposta di emigrazione 임포스타 디 에미그라찌오네	인터넷	internet 인테르넷	관광
이민	immigrazione 임미그라찌오네			인턴	stage 스타제	
이민 서류	documento di immigrazione 도쿠멘토 디 임미그라찌오네	이코노미 클래스	classe economica 클라쎄 에코노미카	인플루엔자	influenza 인플루엔짜	맛집
이민 심사	controllo di immigrazione 콘트롤로 디 임미그라찌오네	이코노미 클래스 좌석	posto in classe economica 포스토 인 클라쎄 에코노미카	인형	bambola 밤볼라	쇼핑
				인후통	mal di gola 말 디 골라	
이민 자료	documento per immigrazione 도쿠멘토 페르 임미그라찌오네	이탈리아	Italia 이탈리아	일, 노동	lavoro 라보로	엔터테인먼트
		이탈리아식 크루아상	cornetto 코르네또	일광욕	abbronzatura 아쁘론짜투라	
이발	taglio dei capelli 탈리오 데이 카뻴리	이혼	divorzio 디보르찌오	일기	diario 디아리오	뷰티
이번 달	questo mese 꿰스토 메제	인공의	artificiale 아르티피챨레	일기 예보	previsione del tempo 프레비지오네 델 템포	
이번 주	questa settimana 꿰스타 세띠마나	인구	popolazione 포폴라찌오네			호텔
		인기 높은 투어	gita più frequentata 지타 쀼 프레꿴타타	일반 가솔린	benzina normale 벤찌나 노르말레	
이브닝 드레스	abito da sera 아비토 다 세라	인도네시아	Indonesia 인도네지아	일반적인	generale 제네랄레	교통수단
이사하다	traslocarsi 트라슬로카르씨	인사	saluto 살루토	일방통행	senso unico 센소 우니코	
이상의	anormale 아노르말레	인쇄물	stampati 스탐파티	일습	un assortimento 운 아쏘르티멘토	기본 정보
이상한 소리	strano rumore 스트라노 루모레	인쇄하다	stampare 스탐파레	일식	eclissi solare 에클리씨 솔라레	
이야기	racconti 라꼰티	인스턴트 식품	cibi in polvere 치비 인 폴베레	일어나다	alzarsi 알짜르씨	단어장
이유	motivo 모티보	인스턴트 커피	caffè solubile 카페 솔루빌레	일치하다	corrispondere 코리스폰데레	

일품 요리	**piatto à la carte** 피아또 아 라 카르테	자극적인	**eccitante / stimolante** 에치탄테/스티몰란테	자켓	**giacca** 쟈까
일하지 않는	**non lavoro** 논 라보로	자동	**automatico** 아우토마티코	자화상	**autoritratto** 아우토리트라또
일회용 기저귀	**pannolino di carta** 판놀리노 디 카르타	자동 개방	**apertura automatica** 아페르투라 아우토마티카	작년	**anno scorso** 안노 스코르소
일회용품	**articoli di uso corrente** 아르티콜리 디 우조 코렌테	자동차	**macchina** 마끼나	작은	**piccolo** 피꼴로
잃다	**perdere** 페르데레	자동차	**automobile** 아우토모빌레	잔돈	**spiccioli** 스핏촐리
임대료	**noleggio** 놀레쬬	자동판매기	**distributore** 디스트리부토레	잘 지내다	**stare bene** 스타레 베네
임산부	**donna incinta** 돈나 인친타	자리	**posto** 포스토	잠자다	**dormire** 도르미레
임시 보관소	**deposito bagagli** 데포시토 바갈리	자매	**sorelle** 소렐레	잡다, 유지하다	**tenere** 테네레
입구	**entrata** 엔트라타	자명종	**sveglia** 스벨리아	잡아 늘리다	**stirare** 스티라레
입다	**vestirsi** 베스티르씨	자석	**calamita** 칼라미타	잡지	**rivista** 리비스타
입석	**posti in piedi** 포스티 인 피에디	자수	**ricamo** 리카모	잡화점	**negozio di generi vari** 네고찌오 디 제네리 바리
입장료	**tariffa d'ingresso** 타리파 딘그레쏘	자연	**natura** 나투라	장갑	**guanti** 관티
입학	**ammissione a scuola** 암미씨오네 아 스콜라	자유	**libero** 리베로	장거리	**lunga distanza** 룬가 디스탄짜
잉크	**inchiostro** 인끼오스트로	자유	**libertà** 리베르타	장난감	**giocattolo** 죠카똘로
잊어버리다	**dimenticare** 디멘티카레	자유석	**posto libero** 포스토 리베로	장난감 가게	**negozio di giocattoli** 네고지오 디 죠카똘리
		자전거	**bicicletta** 비치클레따	장마	**stagione delle piogge** 스타지오네 델레 피오쩨

위 표 가운데 열 상단에 **ㅈ** 표시가 있다.

장사하다	**negoziare** 네고찌아레	저가 판매점	**negozio economico** 네고찌오 에코노미코	전문점	**negozio specializzato in~** 네고찌오 스페찰리짜토 인~
장소	**luogo** 루오고	저녁	**cena** 체나	전보	**telegramma** 텔레그람마
장식	**frangia** 프란쟈	저녁 비행	**volo di sera** 볼로 디 세라	전시, 전시회	**esposizione** 에스포시찌오네
장애인 화장실	**bagno per handicappati** 반뇨 페르 안디카빠티	저렴한	**economico** 에코노미코	전쟁	**guerra** 구에라
재개	**ripresa** 리프레자	저울	**bilancia** 빌란챠	전주곡	**preludio** 프렐루디오
재고	**merce disponibile** 메르체 디스포니빌레	저작권 침해	**pirateria informatica** 피라테리아 인포르마티카	전지	**batteria** 바떼리아
재기동하다	**riavviare** 리아비아레	저쪽	**lì** 리	전통	**tradizione** 트라디찌오네
재떨이	**posacenere** 포사체네레	전경	**panorama** 파노라마	전통 행사	**manifestazione tradizionale** 마니페스타찌오네 트라디찌오날레
재료	**materiale** 마테리알레	전기	**elettricità** 엘레뜨리치타	전화	**telefono** 텔레포노
재미나는	**divertente** 디베르텐테	전기 제품	**oggetti elettrici** 오제띠 엘레뜨리치	전화 부스	**cabina telefonica** 카비나 텔레포니카
재즈 음악	**musica jazz** 무지카 재즈	전등	**lampada** 람파다	전화를 다시 하다	**richiamare** 리끼아마레
재즈 클럽	**jazz club** 재즈 클루브	전등	**lampadina** 람파디나	전화번호부	**elenco telefonico** 엘렌코 텔레포니코
재채기	**starnuto** 스타르누토	전망	**vista** 비스타	전화비	**conto telefonico** 콘토 텔레포니코
재해	**disastro** 디사스트로	전망대	**belvedere** 벨베데레	절반	**mezzo** 메쪼
재확인하다	**riconfermare** 리콘페르마레	전문의	**medico specialista** 메디코 스페찰리스타	젊은	**giovane** 죠반네
잼	**marmellata** 마르멜라타				

점심	pranzo 프란쪼	정치	politica 폴리티카	조카	nipote 니포테
점원	commesso 콤메쏘	젖다	bagnarsi 바냐르씨	존댓말	espressione onorifica 에스프레씨오네 오노리피카
접속	collegamento 콜레가멘토	젖병	biberon 비베론	졸리다	avere sonno 아베레 손노
접수	reception 레쳅티온	제복, 분할	divisa 디비자	종교	religione 렐리지오네
접시	piatto 피아또	제시간에	in orario 인 오라리오	종류	genere 제네레
접착제	adesivo 아데씨보	제안	proposta 프로포스타	종이	carta 카르타
접착제	colla 콜라	제작	fattura 파뚜라	종이 타월	asciugamano di carta 아슈가마노 디 카르타
젓가락	bastoncini 바스톤치니	조각	scultura 스쿨투라	종이봉투	sacchetto di carta 사께토 디 카르타
정가	prezzo fisso 프레쪼 피쏘	조각가	scultore / trice 스쿨토레(남)/ 트리체(여)	종이컵	bicchiere di carta 비끼에레 디 카르타
정보	informazioni 인포르마찌오니	조금	un pò 운 포	종점	capolinea 카포리네아
정보용 잡지	rivista di informazione 리비스타 디 인포르 마찌오네	조깅	jogging 조낑	좌석	sedile 세딜레
정오	mezzogiorno 메쪼죠르노	조명	illuminazione 일루미나찌오네	좌석 번호	numero del sedile 누메로 델 세딜레
정원	giardino 쟈르디노	조미료	condimento 콘디멘토	좌석을 예약하다	prenotare un tavolo 프레노타레 운 타볼로
정장	abito completo 아비토 콤플레토	조사하다	esaminare 에자미나레	좌회전	svolta a sinistra 스볼타 아 씨니스트라
정점	cima 치마	조수	assistente 아씨스텐테	주(구역)	regione 레지오네
정지	stop 스톱	조언하다	consigliare 콘실리아레	주(날짜)	settimana 세띠마나
정지	fermata 페르마타	조용하게	tranquillamente 트란뀔라멘테	주름	rughe 루게
정직한	onesto 오네스토	조용한	tranquillo 트란뀔로		
		조용함	silenzio 실렌찌오		

주말	fine settimana 피네 세띠마나	중간의	medio 메디오	지난달	mese scorso 메제 스코르소
주머니	tasca 타스카	중계	mezzanino 메짜니노	지난주	settimana scorsa 세띠마나 스코르사
주문하다	ordinare 오르디나레	중고품	seconda mano / usato 세콘도 마노/우자토	지도	mappa 마빠
주부	casalinga 카사린가	중국	Cina 치나	지름길로 가다	accorciare la strada 아꼬르챠레 라 스트라다
주사	iniezione 이니에찌오네	중국산	prodotto cinese 프로도또 치네제		
주사위	dadi 다디	중국요리	cucina cinese 쿠치나 치네제	지면	terreno 테레노
주소	indirizzo 인디리쪼	중노동자	facchino 파끼노	지방	grasso 그라쏘
주연	protagonista 프로타고니스타	중요한	importante 임포르탄테	지방	regione 레지오네
주유소	distributore di benzina 디스트리부토레 디 벤찌나	중학교	scuola media 스콜라 메디아	지방 관청	municipio 무니치피오
주의	attenzione 아뗀찌오네	중형차	macchina media 마끼나 메디아	지병	malattia cronica 말라띠아 크로니카
주인공	protagonista 프로타고니스타	즉시	subito 수비토	지불	pagamento 파가멘토
주차 금지	sosta vietata 소스타 비에타타	즉시	immediatamente 임메디아타멘테	지불하다	pagare 파가레
주차비	tariffa per parcheggiare 타리파 페르 파르께쨔레	증상	sintomo 신토모	지붕	tetto 테또
주차장	parcheggio 파르께쬬	증인	testimonianza 테스티모니안짜	지시	indicazione 인디카찌오네
주차하다	parcheggiare 파르께쨔레	지갑	portafoglio 포르타폴리오	지역	regione 레지오네
주행	percorso 페르코르소	지금	adesso 아데쏘	지원 서비스	servizio assistenza 세르비찌오 아씨스텐자
준비	preparazione 프레파라찌오네	지나가다	passare 파싸레	지지	appoggio 아뽀쬬

지진	terremoto 테레모토	진주	perla 페를라	차고	autorimessa 아우토리메싸
지출, 비용	spesa 스페자	진찰	visita medica 비시타 메디카	차도	carreggiata 카레쨔타
지폐	banconota 반코노타	진통제	analgesico 아날제시코	차장	capotreno 카포트레노
지하	sottosuolo 소또수올로	질문	domanda 도만다	착륙	atterraggio 아떼라쬬
지하철	metropolitana 메트로폴리타나	질문을 하다	fare una domanda 파레 우나 도만다	참고하다	consultare 콘술타레
지하철 노선도	mappa dell linee della metropolitana 마빠 델 리네 델라 메트로폴리타나	질병	malattia 말라띠아	찻집	sala da tè 살라 다 테
		짐 찾기	ritiro bagagli 리티로 바갈리	창	finestra 피네스트라
지하철역	stazione della metropolitana 스타지오네 델라 메트로폴리타나	짐칸	scomparto bagagli 스콤파르토 바갈리	창가 자리	posto vicino al finestrino 포스도 비치노 알 피네스트리노
		집	casa 까자		
지휘자	direttore d'orchestra 디레또레 도께스트라	집안일	lavori di casa 라보리 디 카사	찾다	cercare 체르카레
		집합 장소	luogo d'incontro 루오고 딘콘트로	채식주의자	vegetariano 베제타리아노
직물, 구조	tessuto 테쑤토				
직항편	volo diretto 볼로 디레또	집회	riunione 리우니오네	채팅	chat 체트
		짧은	corto 코르토	책	libro 리브로
직행버스	pullman diretto 풀만 디레또	쫓아버리다, 빼앗다	portare via 포르타레 비아	처음의	primo 프리모
				천둥	tuono 투오노
진단서	certificato medico 체르티피카토 메디코	찌르다	puntare 푼타레	천식	asma 아스마
			ㅊ		
진부한	multilustre 물티루스트레	차	tè 테	천장	soffitto 소피또
진실	verita 베리타	차가운	freddo 프레도	철도 승차권	tessera ferroviaria 테쎄라 페로비아리아

188

한국어	이탈리아어	한국어	이탈리아어	한국어	이탈리아어
철도 차량	vagone 바고네	체육관	palestra 팔레스트라	최대의, 커다란	massimo 마씨모
철도역	stazione ferroviaria 스타찌오네 페로비아리아	체조	ginnastica 진나스티카	최면제	sonnifero 손니페로
		체코	Ceco 체코	최소의	minimo 미니모
철도원	ferroviere 페로비에레	체크아웃	lasciare la camera 라샤레 라 카메라	최저 요금	tariffa minima 타리파 미니마
철물점	negozio di ferramenta 네고찌오 디 페라멘타	체크아웃 시간	Orario di lasciare la camera 오라리오 디 라샤레 라 카메라	최종 목적지	destinazione finale 데스티나찌오네 피날레
철학	filosofia 필로소피아			최후의	finale 피날레
첨부, 적용, 신청	applicazione 아쁠리카찌오네	체크인	check-in 체크인(테크인)	추가	supplemento / extra 수쁠레멘토/ 엑스트라
첫 번째 열차	primo treno 프리모 트레노	초대하다	invitare 인비타레		
첫째의	primo 프리모	초등학교	scuola elementare 스콜라 엘레멘타레	추가 요금	supplemento 수쁠레멘토
청바지	jeans 진스	초밥	polpette di riso / sushi 폴뻬떼 디 리조/ 수시	추가하다	aggiungere 아쭌제레
청소	pulizia 풀리쨔	초상화	ritratto 리트라또	추천	raccomandazione 라꼬만다찌오네
청소 중	durante la pulizia 두란테 라 풀리쨔	초원	prato 프라토	축구	calcio 칼쵸
청소하다	pulire 풀리레	초콜릿	cioccolato 쵸꼴라토	축배	brindisi 브린디시
청신호	semaforo verde 세마포로 베르데	촌락	villaggio 빌라쬬	축제	festa 페스타
		총	fucile 푸칠레	축하	celebrazione 첼레브라찌오네
체격	costituzione fisica 코스티투찌오네 피시카	총리	primo ministro 프리모 미니스트로	출구	uscita 우쉬타
체류 기간	durata del soggiorno 두라타 델 소쬬르노	최근에	ultimamente 울티마멘테	출발	partenza 파르텐짜

출발 시간	ora di partenza 오라 디 파르텐짜
출발 층	piano di partenza 피아노 디 파르텐짜
출발, 보행	andata 안다타
출발하다	partire 파르티레
출신지	paese d'origine 파에제 도리지네
출입국 관리	controllo passaporti 콘트롤로 파싸포르티
출판사	casa editrice 카사 에디트리체
출혈하다	perdere sangue 페르데레 산궤
춤	ballo 발로
춤추다	ballare 발라레
충돌	scontro 스콘트로
취미	hobby 오삐
취소	annullamento 안눌라멘토
취소하다	cancellare 칸첼라레
취직	collocamento 콜로카멘토
취하다	ubriacarsi 우브리아카르씨

취하다, 가지고 다니다	prendere 프렌데레
치과 의사	dentista 덴티스타
치료	cura 쿠라
치마	gonna 곤나
치약	dentifricio 덴티프리쵸
치질	emorroidi 에모로이디
치통	mal di denti 말 디 덴티
친구	amico 아미코
친구	compagno 콤파뇨
친절	gentilezza 젠틸레짜
친절한	gentile 젠틸레
친족	parente 파렌테
친한 친구	amico intimo 아미코 인티모
침대	letto 레또
침대보	lenzuolo 렌쭈올로
침대차	vagone letto 바고네 레또
침대차 요금	supplemento per vagone letto 수쁠레멘토 페르 바고네 레또

침실	camera da letto 카메라 다 레또
칫솔	spazzolino da denti 스파쫄리노 다 덴티

ㅋ

카메라	macchina fotografica 마끼나 포토그라피카
카메라 가게	negozio di materiale fotografico 네고찌오 디 마테리알레 포토그라피코
카바레	cabaret 카바레트
카운터	bancone 반코네
카지노	casinò 카씨노
카지노 토큰	fiche 피께
카탈로그	catalogo 카탈로고
카페, 식당 등의 자리값	coperto 코페르토
카페테리아	caffetteria 카페떼리아
카펫	tappeto 타뻬토
칵테일	cocktail 코크타일
캐주얼	casual 카수알
캔따개	apriscatole 아프리스카톨레

캠코더	videocamera 비디오카메라	쾌적한	piacevole 피아체볼레	탄산수	acqua gassata 아꾸아 가싸타
커넥팅 룸	camere comunicanti 카메레 코무니칸티	쾌청	bel tempo 벨 템포	탄산이 없는 물	acqua non gassata 아꾸아 논 가싸타
커튼	tenda 텐다	쿠션	cuscino 쿠쉬노	탈의실	camerino di prova 카메리노 디 프로바
커피	caffè 카페	쿠폰	coupon 코우폰	탑승	imbarco 임바르코
컨시어지	concierge 콘치에르게	크기	grandezza 그란데짜	탑승 게이트	uscita d'imbarco 우쉬타 딤바르코
컬러 필름	rullino a colori 룰리노 아 콜로리	크로아티아	Croazia 크로아찌아	탑승권	carta d'imbarco 카르타 딤바르코
컴퓨터	computer 콤푸테르	크루즈	crociera 크로치에라	태국	Thailandia 타일란디아
컴퓨터 바이러스	virus del computer 비루스 델 콤푸테르	크리스마스	Natale 나탈레	태양	sole 솔레
컵	bicchiere 비끼에레	큰	grande 그란데	태우다	bruciare 브루챠레
케이블카	funivia 푸니비아	큰 길	strada principale 스트라다 프린치팔레	태풍	tifone 티포네
케첩	ketchup 켓쿠프	클래식 음악	musica classica 무지카 클라씨카	택시	taxi 탁씨
코듀로이	velluto a coste 벨루토 아 코스테	클릭	clic 클리크	택시 승강장	posteggio dei taxi 포스테쬬 데이 탁씨
코인 로커	armadietto a gettoni 아르마디에또 아 제또니	키보드	tastiera 타스티에라	터키	Turchia 투르끼아
콘돔	preservativo 프레세르바티보	킬로미터로 잰 거리	chilometraggio 낄로메트라쬬	턱	mascella 마쉘라
콘센트	presa di corrente 프레사 디 코렌테		**ㅌ**	테니스	tennis 테니스
콘택트렌즈	lente a contatto 렌테 아 콘타또	타이어	pneumatico 프네우마티코	테니스공	palle da tennis 팔레 다 테니스
		타이어 펑크	gomma a terra 곰마 아 테라	테니스코트	campo da tennis 캄포 다 테니스

191

한국어	이탈리아어	한국어	이탈리아어	한국어	이탈리아어
테러리즘	terrorismo 테로리스모	(그 지방의) 특별 요리	piatto speciale 피아또 스페챨레	판다	panda 판다
테이블	tavolo 타볼로	특산품	prodotto caratteristico 프로도또 카라떼리스티코	판자	asse 아쎄
테이프	scotch / nastro adesivo 스코치/ 나스트로 아데씨보			팝송	musica pop 무지카 포프
		특징	caratteristica 카라떼리스티카	패스트푸드	fast food 파스트푸드
텐트	tenda 텐다	티백	bustina di tè 부스티나 디 테	패키지 투어	viaggio organizzato 비아쬬 오르가니짜토
텔레비전	televisore 텔레비소레	티셔츠	maglietta 말리에따		
토네이도	tornado 토르나도			팸플릿	opuscolo 오푸스콜로
토스트	pane tostato 파네 토스타토	티슈	fazzolettino di carta 파쫄레띠노 디 카르타	페이스북	Facebook 파체부크
토하다	vomitare 보미타레			펜	penna 펜나
통과된	frequentato 프레퀜타토	팁	mancia 만챠		
통로 쪽 자리	posto vicino al corridoio 포스토 비치노 알 코리도이오	**ㅍ**		펜던트	pendente / ciondolo 펜덴테/ 쵼돌로
		파니니	panino 파니노	편, 비행	volo 볼로
통행금지	divieto di transito 디비에토 디 트라시토	파도	onda 온다	편도권	biglietto di solo andata 빌리에또 디 솔로 안다타
통행 허가증	lasciapassare 라샤파싸레	파라솔	parasole 파라솔레		
통화	denaro 데나로	파란색	blu 블루	편도염	tonsillite 톤실리테
통화 신고	dichiarazione della valuta 디끼아라찌오네 델라 발루타	파운데이션	fondotinta 폰도틴타	편명	numero di volo 누메로 디 볼로
		파자마	pigiama 피쟈마	편안한	comodo 코모도
트럼펫	tromba 트롬바	파트너	partner / compagno 파르트네르/ 콤파뇨	편의점	piccolo supermercato 피꼴로 수페르메르카토

192

편지, 문서	**lettera** 레떼라	폭풍	**tempesta** 템페스타	플래시	**flash** 플라시	기본 회화
편지지	**foglio di carta da lettere** 폴리오 디 카르타 다 레떼레	폭풍우	**uragano** 우라가노	플래시 사용 금지	**non usare il flash** 논 우자레 일 플라시	
		폴로셔츠	**maglia a polo** 말리아 아 폴로	플랫폼	**binario** 비나리오	관광
평가하다	**stimare** 스티마레	표	**biglietto** 빌리에또	플로리스트	**fioraio** 피오라이오	
평일	**giorno ordinario** 죠르노 오르디나리오	표 자동판매기	**distributore di biglietto** 디스투리부토레 디 빌리에또	피	**sangue** 산궤	맛집
평화	**pace** 파체	풀어놓다	**rilasciare** 릴라샤레	피부, 가죽	**pelle** 펠레	
폐렴	**polmonite** 폴모니테	품질	**qualità** 꽐리타	피아노	**pianoforte** 피아노포르테	쇼핑
폐장 시간	**orario di chiusura** 오라리오 디 끼우수라	풋살	**calcetto** 칼체또	핀란드	**Finlandia** 핀란디아	엔터테인먼트
폐점	**chiusura del negozio** 끼우수라 델 네고찌오	풍경화	**paesaggio** 파에사쬬	필요	**bisogno** 비소뇨	
		프라이팬	**padella** 파델라	**ㅎ**		뷰티
폐허	**rovine** 로비네	프랑스	**Francia** 프란챠	하늘	**cielo** 치엘로	
포스터	**manifesto** 마니페스토	프랑스 요리	**cucina francese** 쿠치나 프란체제	하드웨어	**hardware** 아르드와레	호텔
포장	**imballaggio** 임발라쬬	프런트	**reception** 레쳅티온	하루의	**di una giornata** 디 우나 죠르나타	
포장된	**incartato** 인카르타토	프로그래머	**programmatore** 프로그람마토레	하품	**sbadiglio** 스바딜리오	교통수단
포크	**forchetta** 포르께따	프로듀서	**produttore** 프로두또레	학교	**scuola** 스콜라	기본정보
폭동	**tumulto** 투물토	프로 레슬링	**professional wrestling** 프로페씨오날 레스틀링	학생증	**tessera studentesca** 테쎄라 스투덴테스카	단어장
폭포	**cascata** 카스카타			학위	**laurea** 라우레아	

한가운데	centro 첸트로	할머니	nonna 논나	해설하다	interpretare 인테르프레타레
한국	Corea 꼬레아	할부금	rata 라타	해수욕	bagno a mare 반뇨 아 마레
한국 대사관	Ambasciata Coreana 암바샤타 꼬레아나	할아버지	nonno 논노	해열제	antipiretico 안티피레티코
한국 음식	cucina Coreano 쿠치나 꼬레아노	할인	sconto 스콘토	해외여행	viaggio all'estero 비아쬬 알레스테로
한국 주소	indirizzo coreano 인디리쪼 꼬레아노	함께	insieme 인씨에메		
		함유물, 함유된	contenuto 콘테누토	해협	stretto 스트레또
한국 주소	indirizzo in Corea 인디리쪼 인 꼬레아	합계	totale 토탈레	핸드폰	cellulare / telefonino 첼룰라레/ 텔레포니노
한국 차	macchina coreano 마끼나 꼬레아노	합류	confluenza 콘플루엔짜		
		핫도그	panino con wurstel e senape 파니노 꼰 우르스텔 에 세나페	햄버거	hamburger 암부르게르
한국어	Coreano 꼬레아노			~행	~per 페르
한국인	Coreano 꼬레아노	항공 우편	posta aerea 포스타 아에레아	행복한	felice 펠리체
한기	brivido di freddo 브리비도 디 프레도	항만	porto 포르토	행운이 있는	fortunato 포르투나토
한밤중	mezzanotte 메짜노떼	항상	sempre 셈프레	향수	profumo 프로푸모
한밤중, 심야	notte fonda 노떼 폰다	항해	navigazione 나비가찌오네	향수병	nostalgia di casa 노스탈쟈 디 카자
한 쌍	un paio 운 파이오	해독 불가	problema di decodificazione 프로블레마 디 데코 디피카찌오네	향토 요리	cucina locale 쿠치나 로칼레
한약	farmaco della medicina cinese 파르마코 델라 메디치나 치네제			허락한	permesso 페르메쏘
		해변	spiaggia 스피아쨔	허리띠	cintura 친투라
				헌책	libro usato 리브로 우자토
한 잔	un bicchiere 운 비끼에레	해상 우편	posta via mare 포스타 비아 마레	헤드폰	cuffie 쿠삐에

194

한국어	이탈리아어	한국어	이탈리아어	한국어	이탈리아어
헤로인, 여주인공	eroina 에로이나	호우	forte pioggia 포르테 피오쨔	화상	ustioni 우스티오니
헤어 드라이기	asciugacapelli 아슈가카펠리	호주	Australia 아우스트랄리아	화장수	lozione idratante 로찌오네 이드라탄테
혀, 언어	lingua 린구아	호출 버튼	pulsante di chiamata 풀산테 디 끼아마타	화장품	cosmetici 코스메티치
현금	contanti 콘탄티	호텔	albergo 알베르고	화장품 회사	industria di cosmetici 인두스트리아 디 코스메티치
현기증이 나다	avere un capogiro 아베레 운 카포지로	호텔 목록	lista di albergo 리스타 디 알베르고	화재	incendio 인첸디오
현대 음악	musica moderna 무지카 모데르나	호흡하다	respirare 레스피라레	확대하다	ingrandire 인그란디레
현상	fenomeno 페노메노	혼수상태	coma 코마	확인	conferma 콘페르마
현지 시간	ora locale 오라 로칼레	혼잡	affollamento / pieno di gente 아폴라멘토 / 피에노 디 젠테	확인하다	confermare 콘페르마레
혈압	pressione del sangue 프레씨오네 델 산궤			환경	ambiente 암비엔테
혈액형	gruppo sanguigno 그루뽀 산귀뇨	홈페이지	pagina iniziale 파지나 이니찌알레	환경 파괴	distruzione dell'ambiente 디스트루찌오네 델람비엔테
협약	convenzione 콘벤찌오네	화가	pittore 피또레	환승	transito 트란지토
협탁	comodino 코모디노	화나다, 화내다	irritarsi 이리타르씨		
형상	figura 피구라	화난	arrabbiato 아라삐아토	환승 카운터	banco di transito 반코 디 트란지토
형식	forma 포르마	화단	aiuola 아이우올라	환승권	carta di transito 카르타 디 트란시토
형제	fratello 프라텔로	화물 보관증	etichetta del bagaglio 에테께따 델 바갈리오	환율	cambio 캄비오
호박	zucca 주까	화산	vulcano 불카노	환자	paziente 파찌엔테
호수	lago 라고	화살, 화살표	freccia 프레챠	환전	cambio 캄비오

환전소	**ufficio cambio** 우피쵸 캄비오	휴일	**giorno di riposo** 죠르노 디 리포소	1등	**prima classe** 프리마 클라쎄
회	**fettine di pesce crudo** 페띠네 디 페쎄 크루도	휴일, 명절	**giorno festivo** 죠르노 페스티보	1유로 동전	**moneta da un euro** 모네타 다 운 에우로
회사	**compagnia** 콤파냐	휴지	**carta igienica** 카르타 이제니카	1일	**un giorno** 운 죠르노
회사원	**impiegato** 임피에가토	휴지통	**cestino** 체스티노	1일권	**biglietto giornaliero** 빌리에또 죠르날리에로
회수권	**blocchetto di biglietti** 블로께또 디 빌리에띠	흐린	**nuvoloso** 누볼로조	1층	**piano terra** 피아노 테라
회원증	**tessera di socio** 테쎄라 디 소쵸	흡연	**fumo** 푸모	24시간 오픈	**aperto 24 ore** 아페르토 벤티콰트로 오레
회의	**conferenza** 콘페렌짜	흡연석	**posto fumatori** 포스토 푸마토리	2등	**seconda classe** 세콘다 클라쎄
회화	**conversazione** 콘베르사찌오네	흡연실	**dove si fuma** 도베 씨 푸마	2층	**primo piano** 프리모 피아노
효과	**effetto** 에페또	흥미로운	**interessante** 인테레싼테	2층 전방석	**posto davanti al piano di sopra** 포스토 다반티 알 피아노 디 소프라
후덥지근한	**caldo umido** 칼도 우미도	흥분하다	**eccitarsi** 엣치타르씨		
후배	**collega più giovane** 콜레가 쀼 죠바네	희극	**commedia** 콤메디아	2층석	**posto al piano di sopra** 포스토 알 피아노 디 소프라
후추	**pepe** 페페	흰	**bianco** 비안코	3차원의	**tridimensionale** 트리디멘시오날레
휘발유	**benzina** 벤찌나			CD가게	**negozio di dischi** 네고지오 디 디스끼
휠체어	**sedia a rotelle** 세디아 아 로텔레	**그 외**			
휴가	**vacanza** 바칸짜	100유로 지폐	**carta da 100 euro** 카르타 다 첸토 에우로		
휴게실	**sala da riposo** 살라 다 리포소	10유로 짜리 지폐	**carta da 10 euro** 카르타 다 디에치 에우로		
		1개	**uno,una** 우노, 우나		

단어장

Italiano → Korean

A

a pagamento 아 파가멘토	유료의
a prezzo fisso 아 프레쪼 피쏘	정가
abito 아비토	원피스
aceto 아체토	식초
acqua 아꾸아	물
acqua calda 아꾸아 칼다	온수
acqua gassata 아꾸아 가싸타	탄산수
acqua minerale 아꾸아 미네랄레	생수
acqua non gassata 아꾸아 논 가싸타	탄산이 없는 물
acquario 아꾸아리오	수족관
aeroporto 아에로포르토	공항
affidare 아피다레	맡기다
aglio 알리오	마늘
albergo 알베르고	호텔
allergia 알레르쟈	알레르기
alpinismo 알피니스모	등산
altezza 알테짜	높이
alto 알토	높은
ambasciata 암바샤타	대사관
ambasciata Coreana 암바샤타 꼬레아나	한국 대사관
ambulanza 암불란짜	구급차
andata 안다타	출발, 보행
anello 아넬로	반지
anemia 아네미아	빈혈
anestesia 아네스테씨아	마취
anniversario 안니베르사리오	기념일
antipiretico 안티피레티코	해열제
aperitivo 아페리티보	식전주
aperto per 24 ore 아페르토 페르 벤티 콰트로 오레	24시간 오픈
appartamento 아빠르타멘토	아파트
appetito 아뻬티토	식욕
aprire 아프리레	열다
argento 아르젠토	은
armadietto a gettone 아르마디에또 아 제또네	코인 로커
arrivo 아리보	도착
articolo esente da tasse 아르티콜로 에젠테 다 타쎄	면세품
articolo fatto a mano 아르티콜로 파또 아 마노	수제품
asciugacapelli 아슈가카펠리	헤어 드라이기
asciugamano 아슈가마노	수건
asma 아스마	천식
aspettativa 아스페따티바	기다림
aspirina 아스피리나	아스피린
aspro 아스프로	시큼한
assegno 아쎄뇨	수표
assicurazione 아씨쿠라찌오네	보증, 보험

attenzione 아뗀찌오네	주의
autista 아우티스타	운전사
autobus 아우토부스	버스
automobile a noleggio 아우토모빌레 아 놀레쬬	렌터카
avere fretta 아베레 프레따	서두르다
avviso al pubblico 아비소 알 푸쁠리코	공개 연설

B

bagaglio a mano 바갈리노 아 마노	기내 수하물
bagno 반뇨	목욕, 화장실
ballo 발로	춤
balsamo per capelli 발사모 페르 카펠리	린스
banca 반카	은행
bar 바르	바
bastoncini 바스톤치니	젓가락
battello turistico 바뗄로 투리스티코	유람선
benda 벤다	붕대
bevanda 베반다	음료

bianco 비안코	하얀
biblioteca 비빌리오테카	도서관
bicchiere di carta 비끼에레 디 카르타	종이컵
bicicletta 비치클레따	자전거
biglietteria 빌리에떼리아	매표소
biglietteria automatica 빌리에떼리아 아우토마티카	자동 매표소
biglietto 빌리에또	표
biglietto aereo 빌리에또 아에레오	비행기표
biglietto da visita 빌리에또 다 비스타	명함
biglietto d'imbarco 빌리에또 딤바르코	탑승권
biglietto di andata e ritorno 빌리에또 디 안다타 에 리토르노	왕복 티켓
birra 비라	맥주
blocchetto di biglietti 블로께또 디 빌리에띠	회수권
blu 블루	파란색
borsa 보르사	가방
borseggio 보르세쬬	소매치기
buffet 부뻬트	뷔페

buono 부오노	맛있는, 좋은
busta 부스타	봉투

C

caffè 카페	커피
caglio di fagioli di soia 칼리오 디 파쫄리 디 소이아	두부
caldo 칼도	따뜻한, 더운
calze 칼쩨	양말 / 스타킹
cambio corrente 캄비오 코렌테	환율
camera 카메라	방
camera doppia 카메라 도삐아	더블 룸
campione 캄피오네	견본 / 선수
cancellare 칸첼라레	취소하다
cane 까네	개
cappello 카뻴로	모자
carabinieri 카라비니에리	경찰
caramella 카라멜라	사탕
carne di agnello 카르네 디 아녤로	양고기
carne di maiale 카르네 디 마이알레	돼지고기
carne di pollo 카르네 디 폴로	닭고기

carne di vitello 카르네 디 비텔로	소고기	chiesa 끼에자	교회	condizionamento d'aria 콘디찌오나멘토 다리아	냉난방	
caro 카로	값비싼, 친애하는	chiudere 끼우데레	닫다	condizionatore d'aria 콘디찌오나토레 다리아	에어컨	
carota 카로타	당근	chiusura del negozio 끼우수라 델 네고찌오	폐점	contanti 콘탄티	현금	
carta di credito 카르타 디 크레디토	신용 카드	cinema 치네마	영화	conto 콘토	계산	
cartina delle linee 카르티나 델레 리네	노선도	cintura di sicurezza 친투라 디 씨쿠레짜	안전벨트	controllo d'entrata 콘트롤로 덴트라타	입국 심사	
cartolina 카르톨리나	엽서	città 치따	도시	controllo passaporti 콘트롤로 파싸포르티	여권 심사	
casa 카자	집	cocktail 코크타일	칵테일	coperta 코페르타	덮개	
casinò 카씨노	카지노	colazione 콜라찌오네	아침	copia 코피아	복사	
cassa 카자	계산대, 상자	collana 콜라나	목걸이	corpo 코르포	몸	
cassaforte 카싸포르테	금고	collirio 콜리리오	안약	correre 코레레	달리다	
cassetta delle lettere 카쎄따 델레 레떼레	우편함	collo 콜로	목	cortesia 코르테시아	친절	
cattivo 카띠보	나쁜	colore 콜로레	색깔	costo di trasporto 코스토 디 트라스포르토	운임비	
cellulare 첼룰라레	핸드폰	colto 콜토	교육받은	cotone 코토네	면 / 목화	
cena 체나	저녁	commissione 콤미씨오네	위탁, 위임	coupon 코우폰	쿠폰	
ceramiche e porcellane 체라미께 에 포르첼라네	도자기	compleanno 콤플레안노	생일	cravatta 크라바따	넥타이	
cercare 체르카레	찾다	comprare 콤프라레	사다	cucchiaio 쿠끼아이오	숟가락	
cestino 체스티노	휴지통	computer 콤푸테르	컴퓨터	concierge 콘치에르게	컨시어지	
check-in 체크인(테크인)	체크인	condimento 콘디멘토	조미료	cucina 쿠치나	요리, 부엌	

이탈리아어	한국어	이탈리아어	한국어	이탈리아어	한국어
cura 쿠라	치료	distributore 디스트리부토레	자동판매기	durante l'uso 두란테 루소	사용 중
cuscino 쿠쉬노	쿠션	dito 디토	손가락	durante la pulizia 두란테 라 풀리찌아	청소 중
D		ditta 디따	회사	duty-free 두티 프레	면세
denaro 데나로	통화	diverso 디베르소	다른	**E**	
deposito 데포씨토	보증금	divieto di sosta 디비에토 디 소스타	주차 금지	economico 에코노미코	저렴한
destinazione 데스티나찌오네	도착지	divieto di transito 디비에토 디 트란시토	통행금지	effetto 에페또	효과
destro 데스트로	오른쪽	doccia 도챠	샤워	entrare 엔트라레	들어가다
di stile occidentale 디 스틸레 오치덴탈레	서양식	documentazione dell'incidente 도쿠멘타찌오네 델린치덴테	사고 증명서	entrata 엔트라타	입구
dichiarazione 디끼아라찌오네	선언, 신고			esaurimento 에사우리멘토	다 써버림
differenza 디페렌짜	차이	documento 도쿠멘토	문서	esposizione 에스포씨찌오네	전시, 전시회
difficile 디피칠레	어려운	documento di immigrazione 도쿠멘토 디 임미그라찌오네	이민 서류	espresso 에스프레쏘	속달
direzione 디레찌오네	방향	dogana 도가나	세관	est 에스트	동쪽
diritto 디리또	똑바른, 권한	dolce 돌체	달콤한, 디저트	excel 엑첼	엑셀
discoteca 디스코테카	나이트 클럽	dolore 돌로레	고통	**F**	
disegno 디세뇨	디자인	doloroso 돌로로조	아픈	famiglia 파밀리아	가정, 가족
disinfezione 디스인페찌오네	소독	domani 도마니	내일	famoso 파모조	유명한
distinta 디스틴타	명세서	dopodomani 도포도마니	내일모레	fare un'inchiesta 파레 운인끼에스타	조사하다
distinzione di sesso 디스틴찌오네 디 세쏘	성별	dottore／ medico 도또레 ／ 메디코	의사	farmacia 파르마챠	약국
				fastidio 파스티디오	불쾌감
				fatto a mano 파또 아 마노	수제의

fattura 파뚜라	제작	**frigorifero** 프리고리페로	냉장고	**gratis** 그라티스	무료
fax 팍스	팩스	**frutta** 프루따	과일	**gruppo sanguigno** 그루뽀 산귀뇨	혈액형
fazzoletto 파쫄레또	손수건	**fuori** 푸오리	밖에	**guida per l'uso** 구이다 페르 루소	설명서
febbre 페쁘레	열	**furto** 푸르토	도둑	**guida turistica** 구이다 투리스티카	여행 가이드
fermata di autobus 페르마타 디 아우토부스	버스 정류장				
		G		**H**	
fermata di pullman 페르마타 디 풀만	장거리 버스 정류장	**gabinetto** 가비네또	변기	**hobby** 오삐	취미
ferro da stiro 페로 다 스티로	다리미	**gambero** 감베로	새우, 가재	**I**	
ferrovia 페로비아	철도	**gatto** 가또	고양이	**I.V.A** 이.부아(I.V.A)	부가 가치세
festa 페스타	축제	**ghiaccio** 기아쵸	얼음	**ieri** 이에리	어제
fetta di carne alla griglia 페따 디 카르네 알라 그릴리아	불고기	**giardino** 쟈르디노	정원	**imballaggio** 임발라쬬	포장
		gioiello 죠이엘로	보석	**imbarco** 임바르코	탑승
figlia 필리아	딸	**giornale** 죠르날레	신문	**imitazione** 이미타찌오네	모방, 모조
figlio 필리오	아들	**giorno della partenza** 죠르노 델라 파르텐짜	출발일	**incidente** 인치덴테	사고
fiume 피우메	강			**incidente stradale** 인치덴테 스트라달레	교통사고
forbici 포르비치	가위	**giubbotto di salvataggio** 쥬뽀또 디 살바타쬬	구명조끼		
fotografia 포토그라피아	사진			**incontrare** 인콘트라레	만나다
fragile 프라지레	깨지기 쉬운	**gomito** 고미토	팔꿈치	**indirizzo** 인디리쬬	주소
francobollo 프란코볼로	우표	**gomma** 곰마	고무	**destinatario** 데스티나타리오	수취인
freddo 프레도	차가운	**grande magazzino** 그란데 마가찌노	백화점	**inglese** 인글레제	영어
				iniezione 이니에찌오네	주사

italiano	한국어	italiano	한국어	italiano	한국어
internet 인테르넷	인터넷	**libreria** 리브레리아	서점	**mal di testa** 말 디 테스타	두통
interpretare 인테르프레타레	해설하다	**libro** 리브로	책	**mandare** 만다레	보내다, 발송하다
interruzione di corrente elettrica 인테루찌오네 디 코렌테 엘레뜨리카	정전	**limousine** 리무우시네	리무진 버스	**mano** 마노	손
		linea telefonica interna 리네아 텔레포니카 인테르나	내선 전화	**mappa** 마빠	지도
invito 인비토	초대			**marmellata** 마르멜라타	잼
istantaneo 이스탄타네오	인스턴트 / 즉각의	**lino** 리노	리넨, 아마포	**massaggio** 마싸쬬	마사지
		liquido 리뀌도	액체	**mattina** 마띠나	아침
K		**liquore di riso** 리꾸오레 디 리조	고량주	**medicina** 메디치나	약
karate 카라케	가라테			**medicina contro il raffreddore** 메디치나 콘트로 일 라프레또레	감기약
ketchup 켓쿠프	케첩	**lista dei vini** 리스타 데이 비니	와인 목록		
		listino prezzi 리스티노 프레찌	요금표		
L		**lontano** 론타노	먼	**medicina per stitichezza** 메디치나 페르 스티티께짜	변비약
ladro 라드로	도둑	**lungo** 룬고	긴		
largo 라르고	넓은			**memoria** 메모리아	기억
lasciare la camera 라샤레 라 카메라	체크아웃	**M**		**menù** 메누	메뉴
lavaggio 라바쬬	세탁	**macchia** 마끼아	얼룩	**menù a prezzo fisso** 메누 아 프레쪼 피쏘	세트 메뉴
lavare 라바레	씻다	**macchina** 마끼나	기계		
lavoro 라보로	일, 노동	**macchina fotografica digitale** 마끼나 포토그라피카 디지탈레	디지털 카메라	**mercato** 메르카토	시장
leggero 레쩨로	가벼운			**messaggio** 메싸쬬	메시지
lettera 레떼라	편지 / 문서	**macchina fotografica** 마끼나 포토그라피카	카메라	**metro** 메트로	지하철
letto 레또	침대			**minorità** 미노리타	미성년
		maionese 마이오네제	마요네즈		
letto extra 레또 엑스트라	엑스트라 베드	**mal di pancia** 말 디 판챠	복통	**mobile** 모빌레	가구

modulo di dichiarazione doganale 모둘로 디 디끼아라찌오네 도가날레	세관 신고서
moglie 몰리에	아내
mondo 몬도	세계
moneta 모네타	동전
montagna 몬타냐	산
morbido 모르비도	부드러운
museo 무세오	박물관

N

nave 나베	배
nazionalità 나찌오날리타	국적
negozio 네고찌오	가게
negozio di alimentari 네고찌오 디 알리멘타리	식료품점
negozio di confezioni 네고찌오 디 콘페찌오니	양복점
negozio duty-free 네고찌오 두티 프레	면세점
neve 네베	눈
night club 니그트 클루브	나이트 클럽
nome 노메	이름

non fumatori 논 푸마토리	금연
nord 노르드	북쪽
notizia 노티찌아	뉴스 / 정보
notte／ore notturne 노떼 / 오레 노뚜르네	야간
numero del posto 누메로 델 포스토	좌석 번호
numero della camera 누메로 델라 카메라	방 번호
numero di codice 누메로 디 코디체	비밀번호
numero di prenotazione 누메로 디 프레노타찌오네	예약 번호
numero di telefono 누메로 디 텔레포노	전화번호
numero di uscita dlmbarco 누메로 디 우쉬타 딤바르코	게이트 번호
numero di volo 누메로 디 볼로	편명
nuovo 누오보	새로운

O

occupato al telefono 오꾸파토 알 텔레포노	통화 중
oggetto di valore 오제또 디 발로레	귀중품
oggi 오찌	오늘

operazione／intervento 오페라찌오네 / 인테르벤토	수술
opuscolo 오푸스콜로	팸플릿
ora d'imbarco 오라 딤바르코	승선 시간
ora della partenza 오라 델라 파르텐짜	출발 시간
ora di chiusura 오라 디 끼우수라	폐장 시간
ora fissata 오라 피싸타	정각
ora locale 오라 로칼레	현지 시간
orario 오라리오	시간표
orario di chiusura 오라리오 디 끼우수라	폐관 시간
ordinare 오르디나레	주문하다
orologio 오롤로죠	시계
ospedale 오스페달레	병원
ospite 오스피테	손님
ovest 오베스트	서쪽

P

pacco 파꼬	소포
paese 파에제	국가
pagamento differito 파가멘토 디페리토	분할 계산

panetteria 파네떼리아	빵집	**pesante** 페잔테	무거운	**posto fumatori** 포스토 푸마토리	흡연석
panorama 파노라마	전경	**pèsca** 페스카	복숭아	**posto libero** 포스토 리베로	빈자리
pantaloni 판탈로니	바지	**piano** 피아노	층 / 면	**posto non fumatori** 포스토 논 푸마토리	금연석
parcheggio 파르께쬬	주차장	**piano partenza** 피아노 파르텐짜	출발 로비	**posto prenotato** 포스토 프레노타토	예약석
parlare 파를라레	말하다	**pianta della città** 피안타 델라 치타	도시 지도	**prenotare** 프레노타레	예약하다
parola 파롤라	언어	**piccolo supermercato aperto 24 ore** 피꼴로 수페르메르카토 아페르토 벤티콰트로 오레	24시 편의점	**prenotazione** 프레노타찌오네	예약
partenza 파르텐짜	출발			**Presidente** 프레지덴테	대통령
passaporto 파싸포르토	여권			**pressione del sangue** 프레씨오네 델 산궤	혈압
passato 파싸토	과거	**pietanza** 피에탄짜	주요 요리	**presto** 프레스토	빨리
pasto 파스토	식사	**pioggia** 피오쨔	비	**previsione** 프레비지오네	예보 / 예상
patente internazionale 파텐테 인테르나찌오날레	국제 운전 면허증	**poco profondo** 포코 프로폰도	얕은	**previsione meteorologica** 프레비지오네 메테오롤로지카	기상예보
		polizia 폴리찌아	경찰		
pelle 펠레	피부, 가죽	**portafoglio** 포르타폴리오	지갑	**prezzi** 프레찌	물가
pelliccia 펠리챠	모피	**posacenere** 포사체네레	재떨이	**prezzo** 프레쬬	가격
pepe 페페	후추	**posporre** 포스포레	연기하다	**prezzo del servizio** 프레쬬 델 세르비찌오	서비스 비용
peperoncino 페페론치노	고추	**possibilità** 포씨빌리타	가능성	**prezzo della camera** 프레쬬 델라 카메라	방값
perdere 페르데레	잃다	**posta** 포스타	우편		
perdita 페르디타	손실	**posteggio dei taxi** 포스테쬬 데이 탁씨	택시 승강장	**prezzo della gita** 프레쬬 델라 지타	여행 비용
pericolo 페리콜로	위험	**posto** 포스토	자리		
permanente 페르마넨테	불변의	**posto di polizia** 포스토 디 폴리찌아	파출소	**prezzo extra** 프레쬬 엑스트라	별도 요금

prezzo più basso 프레쪼 뷰 바쏘	최저 가격	resto 레스토	나머지	
primo treno 프리모 트레노	첫 번째 열차	ricetta 리체따	레시피/ 처방전	
prodotto speciale 프로도또 스페챨레	특산품	ricevere 리체베레	받다	
profondo 프로폰도	깊은	ricevuta 리체부타	영수증	
programma 프로그람마	예정, 프로그램	riconfermare 리콘페르마레	재확인하다	
proprio quel giorno 프로프리오 꿸 죠르노	당일	rilascio 릴라쇼	해방	
pullman 풀만	노선버스	rimandare 리만다레	다시 보내다	
pullman turistico 풀만 투리스티코	관광버스	riscaldamento 리스칼다멘토	난방	
pulsante di scarico 풀산테 디 스카리코	변기 레버	riso 리조	쌀	
Q		ristorante 리스토란테	식당	
questura 꿰스투라	경찰서	rossetto 로쎄또	립스틱	
R		rosso 로쏘	빨간색	
radio 라디오	라디오	rullino 룰리노	필름	
rafano bianco giapponese 라파노 비안코 쟈뽀네제	무	rumoroso 루모로조	시끄러운	
raffreddore 라프레또레	감기	**S**		
raggi X 라찌 익스	엑스레이	sacchetto di carta 사께또 디 카르타	종이봉투	
rasoio 라소이오	면도기	sala d'attesa 살라 다떼사	라운지	
reception 레쳅티온	프런트	sala di ricreazione 살라 디 리크레아찌오네	휴게실	
		saldi 살디	세일	

sale 살레	소금
salire 살리레	오르다
sangue 산궤	피
sapone 사포네	비누
scadenza 스카덴짜	만기일
scarpe 스카르페	신발
sciarpa 샤르파	스카프
sconto 스콘토	할인
scopo 스코포	목적
scrivere 스크리베레	쓰다
scuola 스콜라	학교
scuro 스쿠로	어두운
sedativo 세다티보	진통제
sedia a rotelle 세디아 아 로텔레	휠체어
segreto 세그레토	비밀
self-service 셀프 세르비체	셀프 서비스
senza coloranti 센짜 콜로란티	무채색
senza conservanti 센짜 콘세르반티	무첨가
separatamente 세파라타멘테	따로
seppie in salamoia 세삐에 인 살라모이아	젓갈

sereno 세레노	맑은 하늘	**spesso** 스페쏘	두터운/종종	**tariffa** 타리파	요금
serie 세리에	연속	**spettattore** 스페따또레	관객	**tariffa del taxi** 타리파 델 탁씨	택시비
servizio in camera 세르비찌오 인 카메라	룸서비스	**spingere** 스핀제레	밀다	**tariffa d'ingresso** 타리파 딘그레쏘	입장료
shampoo 샴푸	샴푸	**stagione** 스타지오네	계절	**tariffa postale** 타리파 포스탈레	우편 요금
sicurezza 시쿠레짜	안전, 보안	**stanco** 스탄코	피로한	**tariffe telefoniche** 타리페 텔레포니께	전화 요금
sigaretta 씨가레따	담배	**stazione** 스타찌오네	역	**tasse** 타쎄	세금
sinistra 씨니스트라	왼쪽	**stazione di metro** 스타찌오네 디 메트로	지하철역	**tasse di aeroporto** 타쎄 디 아에로포르토	공항세
sistemare 씨스테마레	정리하다	**stazione di servizio** 스타지오네 디 세르비지오	주유소	**taxi** 탁씨	택시
smalto 스말토	매니큐어			**tè** 테	차
sopra 소프라	위	**stitichezza** 스티티께짜	변비	**teatro** 테아트로	극장
sopracciglia 소프라칠리아	눈썹	**strada／via** 스트라다／비아	길	**telefonare** 텔레포나레	전화하다
sottile 소띨레	얇은	**studente／ studentessa** 스투덴테／스투덴테싸	남학생／ 여학생	**telefonata a carico** 텔레포나타 아 카리코	수신자 부담 전화
sotto 소또	아래				
spaghetti cinesi in brodo 스파게띠 치네지 인 브로도	라면	**succo** 수꼬	과즙	**telefonata urbana** 텔레포나타 우르바나	시내 통화
		supermercato 수페르메르카토	슈퍼마켓		
spalla 스팔라	어깨	**supplemento** 수쁠레멘토	추가 요금	**telefono** 텔레포노	전화
spazzolino da denti 스파쫄리노 다 덴티	칫솔	**sveglia** 스벨리아	자명종	**telefonata interurbana** 텔레포나타 인테르 우르바나	시외 통화
		sviluppo 스빌루뽀	현상		
speciale 스페찰레	특별한			**telegramma** 텔레그람마	전보
spesa 스페자	지출 / 비용	**T**			
		taglio／misura 탈리아／미수라	사이즈	**televisore** 텔레비소레	텔레비전
spese d'albergo 스페제 달베르고	숙박료	**tagliando** 탈리안도	회수권	**temperatura** 템페라투라	온도

tempio 템피오	사원	ufficio informazioni 우피쵸 인포르마찌오니	안내소	volo turistico 볼로 투리스티코	유람 비행
tempo 템포	시간, 날씨	ufficio postale 우피쵸 포스탈레	우체국	vomitare 보미타레	토하다
tempo libero 템포 리베로	자유 시간	ufficio turistico 우피쵸 투리스티코	관광 안내소	
tennis 테니스	테니스

Z

termometro 테르모메트로	온도계	ultimo treno 울티모 트레노	마지막 기차	zanzara 잔짜라	모기
terra 테라	땅/지구	uovo 우오보	계란	zia 찌아	이모, 고모
tetto 테또	지붕	uscita 우쉬타	출구	zio 찌오	삼촌, 고모부
tirare 티라레	끌다	uscita d'imbarco 우쉬타 딤바르코	탑승 게이트	zucchero 주께로	설탕
tornare 토르나레	돌아가다, 돌아오다	uscita di sicurezza 우쉬타 디 씨쿠레짜	비상구	

totale 토탈레	합계	ustioni 우스티오니	화상	**메뉴 단어장**	
traveller's cheque 트라벨레르스 켁크	여행자 수표

V

				antipasto 안티파스토	전채
treno 트레노	기차	vecchio 베끼오	낡은	carne 카르네	고기 요리
treno rapido 트레노 라피도	특급 기차	vento 벤토	바람	condimento 콘디멘토	소스
turismo 투리스모	관광	vicino alla finestra 비치노 알라 피네스트라	창문 근처에	contorno 콘토르노	야채 요리

U

		vietato fotografare 비에타토 포토그라파레	촬영 금지	dolce 돌체	디저트
uccello 우첼로	새			frutta 프루따	과일
ufficio cambio 우피쵸 캄비오	환전소	vietato flash 비에타토 플라시	플래시 금지	insalata 인살라타	샐러드
		voli internazionali 볼리 인테르나찌오날리	국제선	pasta 파스타	파스타
ufficio cambio pubblico 우피쵸 캄비오 푸쁠리코	공인 환전소	volo 볼로	편, 비행	primo piatto 프리모 피아또	첫 번째 요리
				second piatto 세콘도 피아또	두 번째 요리
				vino 비노	와인

여행 이탈리아어 co-Trip ことりっぷ

초판 인쇄일 2023년 1월 13일
초판 발행일 2023년 1월 27일

지은이 코트립 편집부
옮긴이 정영비, 박휘서, 임휘준
발행인 박정모
등록번호 제9-295호
발행처 도서출판 혜지원
주소 (10881) 경기도 파주시 회동길 445-4(문발동 638) 302호
전화 031) 955-9221~5 팩스 031) 955-9220
홈페이지 www.hyejiwon.co.kr

기획 박혜지
진행 박혜지, 박주미
디자인 조수안
영업마케팅 김준범, 서지연
ISBN 979-11-6764-039-0
정가 13,000원

co-Trip KAIWA CHOU ことりっぷ 会話帖